Hallwag
Taschenbuch

74

Hobby

Kleine Münzkunde

Otto Paul Wenger

Hallwag Verlag
Bern und Stuttgart

Die Münzen sind in natürlicher Größe abgebildet. In Ausnahmefällen wird auf das Größenverhältnis besonders verwiesen. Die Fotografien sind alle nach Originalmünzen aufgenommen und uns von den folgenden Personen und Institutionen zur Verfügung gestellt worden:

Kunsthistorisches Museum, Wien 127—129, 141, 142, 151, 162, 163
Münzen und Medaillen AG, Basel 99—117, 120—123, 125, 126, 139, 140, 143—145, 147—149, 198, 203, 208, 243
Münzkabinett der Staatlichen Museen, Berlin 250, 251
Museum of Fine Arts, Boston 248, 249
Privatbesitz, Bern 47, 154, 155, 158, 168, 185

Alle übrigen Aufnahmen stammen vom Verfasser. Die Zeichnungen wurden nach Vorlagen des Verfassers angefertigt.

6. Auflage 1982

Herstellung: Hallwag AG Bern
ISBN 3 444 50065 3

Inhalt

Otto Paul Wenger, geboren 1919, befaßt sich seit mehr als dreißig Jahren mit Numismatik und ist seit über zehn Jahren im Münzenhandel tätig. Er ist Leiter der Numismatischen Abteilung der SKA Bern, Vizepräsident des Verbandes Schweizerischer Münzenhändler und seit über 25 Jahren Vorstandsmitglied der Schweizerischen Numismatischen Gesellschaft, außerdem Mitglied der Royal Numismatic Society London (RNS) und der Association Internationale des Numismates Professionnels (AINP). Otto Paul Wenger ist Verfasser zahlreicher Arbeiten und Bücher seines Fachgebietes, besonders über antike Numismatik.

Einleitung

Noch vor rund zweihundert Jahren war das Sammeln von Münzen ein Privileg reicher Fürsten und Gelehrten. Auch gehörte damals das Münzensammeln so sehr zum guten Ton, daß es in den Lehrbüchern der jungen Kavaliere als eine der «vornehmsten, ritterlichen Wissenschaften» bezeichnet wurde. Einst ein edler Zeitvertreib, ist heute das Sammeln von Münzen aller Zeiten und Länder ein weitverbreitetes Hobby für jung und alt. Die Zahl der Münzsammler ist aber im Gegensatz zu andern Sammelgebieten bis heute recht bescheiden geblieben. Leider sind die Münzsammlungen der Museen der Öffentlichkeit nur in beschränktem Maße zugänglich. Als wertvolle Objekte werden sie meist hinter Schloß und Riegel gehalten. Zudem ist die Numismatik heute noch selbst für viele gebildete Leute ein Buch mit sieben Siegeln. Ganz allgemein geht man von der Vorstellung aus, das Münzensammeln sei in erster Linie ein Steckenpferd für vermögende Leute. Dem ist aber keineswegs so. Je nach dem gewählten Sammelgebiet ist das Sammeln von Münzen auch heute noch eine durchaus erschwingliche Freizeitbeschäftigung. Allerdings setzt die Numismatik gewisse Kenntnisse voraus, denn das Gebiet der gesamten Münzkunde reicht von 700 v. Chr. bis in die Gegenwart, erstreckt sich demnach über eine Zeitspanne von rund zweieinhalb Jahrtausenden.

Dieses Taschenbuch kann kein Lehrbuch der Numismatik sein. Es soll dem Laien und Anfänger lediglich die ersten und wichtigsten Grundbegriffe vermitteln. Auch sind die primitiven Geldsorten (Muschel-, Stein-, Ringgeld usw.) hier nicht behandelt. Sie gehören nicht zur eigentlichen Numismatik.

Die im Text in Klammern wiedergegebenen Ziffern beziehen sich auf die fortlaufend numerierten Münzen auf den ganzseitigen Bildtafeln.

Herrn Prof. Dr. Herbert A. Cahn, Basel, bin ich für die Durchsicht des Manuskriptes und für die vielen Ratschläge zu großem Dank verpflichtet. Mein Dank gilt ferner allen, die mir Photomaterial zur Verfügung stellten: in Basel die Firma Münzen und Medaillen AG, in Berlin Herr Prof. Dr. Arthur Suhle (†), Direktor des Münzkabinetts der Staatlichen Museen zu Berlin, in Boston (USA) das Museum of Fine Arts und in Wien Herr Prof. Dr. Eduard Holzmair, Direktor der Bundessammlung von Medaillen, Münzen und Geldzeichen. Ein Privatsammler in Bern gab mir die Erlaubnis, schöne und seltene Stücke seiner Sammlung für dieses Werk aufzunehmen.

Münzgeschichte

Griechische Münzen

Die Erfindung des Münzgeldes (Tafeln 1–3)

Vor der Erfindung der Münze herrschte der Tauschhandel. Der Mensch tauschte die von ihm benötigten Waren in erster Linie gegen die Erzeugnisse seiner Äcker und Weiden ein. Dieses Naturgeld war freilich ein unpraktisches Zahlungsmittel, und der immer regere Verkehr über die Grenzen der Städte und Länder hinweg drängte im Laufe der Zeit einen allgemein gültigen Wertmesser auf. Frühestes Geld aus Metall waren Barren, sogenannte Talente. Als allgemeines Zahlungsmittel aber waren sie unbrauchbar, denn ein Talent wog um 1400 v. Chr. nicht weniger als 29 Kilogramm (Abb. 1).

Die Erfindung der Münze, der vom Staate garantierten metallischen Form des Geldes, erfolgte nach 650 v. Chr. in Kleinasien. Der Geschichtschreiber Herodot berichtet, daß es die Lyder im Innern Kleinasiens waren, die als erste solches Geld herstellten. Vorerst handelte es sich um unscheinbare knollenartige Gebilde aus Elektron, einem natürlichen Gemisch aus Gold und Silber, das in den Flüssen Lydiens aus dem Sand gewaschen wurde. Diese ältesten uns bekannten Münzen tragen aber noch kein Bild (Abb. 2). Erst 620 v. Chr. prägte man der Münze erstmals ein Bild auf, vorerst aber nur auf der Vorderseite. Die Rückseite zeigt ein oder zwei vertiefte Quadrate. Es sind die Einschläge der Punze, die das Metallstück beim Prägen festhielt. Etwas später prägte man auf der Insel

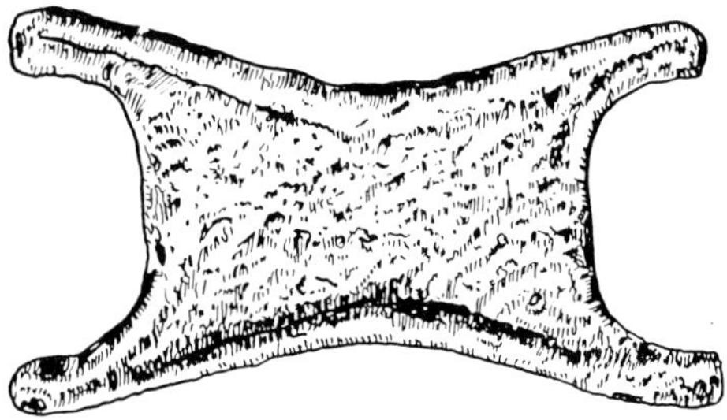

Abb. 1. Bronze-Talent in Form einer Rinderhaut aus Mykene. Um 1400 v. Chr. Stark verkleinert. Originalgewicht ca. 25,5 kg.

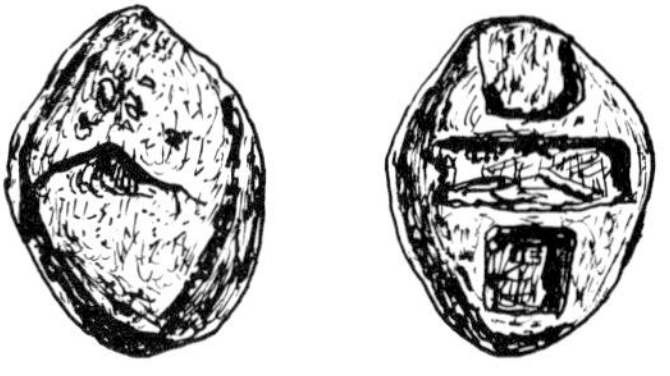

Abb. 2. Elektron-Stater ohne Zeichnung aus Lydien. Spätes 7. Jh. v. Chr.

Aegina die ersten Silbermünzen. Sie trugen als Bild in rohen Zügen die dem Meeresgott Poseidon heilige Seeschildkröte (Abb. 3). Kurz darauf erschienen die ersten Münzen der reichen Hafenstadt Korinth und jene Athens. Nach und nach wichen auf der Rückseite die Einschläge des Prägestockes einem figürlichen Bild, die Münze erhielt ihre endgültige Form. Während die Münzen von Korinth auf der Vorderseite den Pegasos tragen (Abb. 4), zeigen jene von Athen den Kopf der Göttin Athena und auf der Rückseite die Eule (6,9). Die Münzen von Aegina nannte man im Altertum kurzweg «Schildkröten», jene von Korinth «Füllen» oder «Fohlen», während die attischen als «Eulen» bezeichnet wurden. Die Münzen dieser drei Städte waren weitverbreitete Währung.
Schnell breitete sich nun die Kunst der Münzprägung in Griechenland aus und gelangte schon um 550 v. Chr. auch in den Westen. Ein Jahrhundert nach seiner Erfindung wird das Geldstück in der ganzen griechischen Welt zum beliebten und vielbegehrten «Gebrauchsgegenstand». Die Münze fördert den Handelsverkehr und erlaubt es dem Bürger, eigenen Geldbesitz anzuhäufen. Aus begreiflichen Gründen galt allerdings im alten Griechenland kein einheitlicher Münzfuß. Es bildeten sich größere Währungskreise, wobei die Umrechnung nicht immer einfach war.

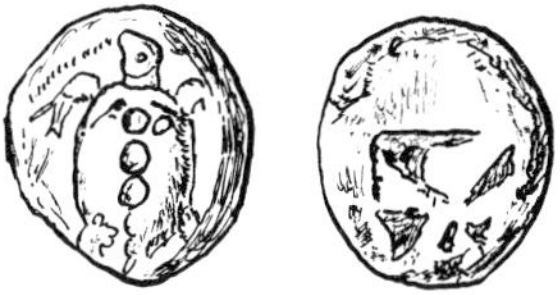

Abb. 3. Links. Aegina, frühes 6. Jh. v. Chr. AR-Stater, Seeschildkröte. Rs. Unregelmäßiges Quadratum incusum.
Abb. 4. Rechts. Korinth. AR-Stater um 520 v. Chr. Pegasos. Rs. Quadratum incusum in Swastikaform.

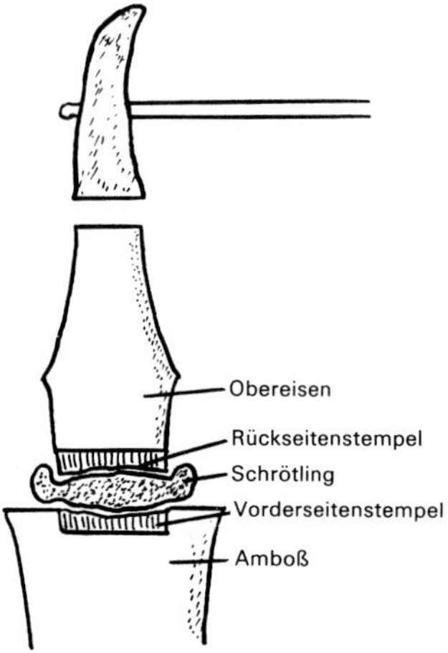

Abb. 5. Schematische Darstellung der antiken Handprägung.

Das am weitesten verbreitete und am meisten geprägte Geldstück blieb das silberne attische Tetradrachmon von rund 17 Gramm Gewicht. Die Drachme selbst (rund 4 Gramm) unterteilte man in Kleinmünzen, wie den Obolos (0,7 Gramm), diesen sogar in Viertelobolen, winzige Münzchen von kaum 3 Millimeter Durchmesser. Später prägte man auch große Sil-

---

Attika-Athen. Tetradrachmon, Silber, 165/164 v.Chr. Vorderseite, oben: Kopf der Athene Parthenos des Phidias n.r. im attischen Helm mit dreifachem Busch. Am Helmrand vier Pferdeprotomen, über dem Wangenschutz Pegasos, dahinter Blütenranken. Rückseite, unten: Eule von vorn, auf umgestürzter Amphora stehend. Im Innenfeld der abgekürzte Stadtname und Beamtennamen. Links Kerykeion, das Ganze im Ölkranz. Originalgrösse: ∅ 30 mm.
Bedingt durch die makedonische Besetzung im dritten Jahrhundert v. Chr., stellt Athen die Prägung der alten Eulenmünzen zeitweilig fast vollständig ein. Sie wird erst wieder im Jahre 196 v.Chr. aufgenommen. Die Münzen erscheinen nun in neuer Gestalt. Breit und flach werden die Schrötlinge ausgeprägt. Im Gegensatz zum früheren archaischen Athenekopf ziert nun der behelmte Kopf der Athene Parthenos das Münzbild.

Α ΘΕ
ΠΟΛΥ
ΧΑΡΜ
ΑΠΟΛ
ΜΕ

Abb. 6. Judäa. AR-Schekel Jahr 2 der 1. Revolte (Bellum Iudaicum), 66–70 n. Chr. Kelch. Rs. Granatzweig mit drei Blüten im Übergang zur Frucht.

Abb. 7. Ionien-Ephesos. AR-Tetradrachmon um 360 v. Chr. Biene, von oben gesehen. Rs. Vorderteil eines Hirsches n. r. kniend, den Kopf zurückgewendet. Dahinter Palme.

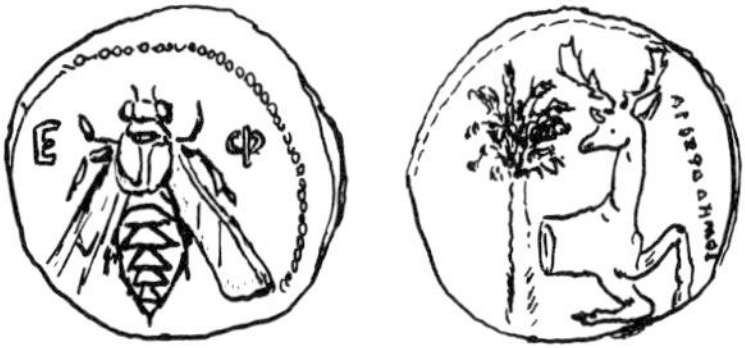

bermünzen bis zu 10 und 12 Drachmen. Sie blieben aber stets die Ausnahme und sind sehr selten. (Auf die einzelnen Münzfüße kann hier leider aus Platzmangel nicht eingegangen werden.) Die Münzen der archaischen Zeit – die griechische Kunst des 7. und 6. vorchristlichen Jahrhunderts wird als archaisch bezeichnet – tragen das Bild der Gottheit, auch heilige Tiere oder Attribute. Auge und Brust werden bei den Göttern frontal dargestellt, das Gesicht im Profil (7). Das Münzbild dieser ungemein reizvollen, ältesten Münzen wandelt sich dann im Laufe der Zeit zu harmonischer Gestalt und erreicht etwa um 400 v. Chr. künstlerische Vollkommenheit.

Die Arbeit des Münzmeisters gestaltete sich sehr mühselig. Sein wichtigstes Werkzeug war der Münzstempel. Auf die polierte Oberfläche dieses aus gehärtetem Eisen oder Bronze hergestellten Stempels schnitt der Stempelschneider als eigentlicher künstlerischer Schöpfer der Münze das Bild in Originalgröße spiegelverkehrt ein. Mit starken Ham-

Abb. 8. Elis-Olympia. AR-Stater, um 420 v. Chr. Adlerkopf n. l., darunter Efeublatt. Rs. Geflügelter Blitz zwischen F und A in einem Lorbeerkranz.

Abb. 9. Links. Ägypten. Rückseitendarstellung der häufigen Tetradrachmen der ägyptischen Könige. Adler n. l. auf Doppelblitz stehend.

Abb. 10. Rechts. Kreta-Knossos. AR-Stater, um 450 v. Chr. Der Minotauros als Mensch mit Stierkopf. Rs. Labyrinth.

merschlägen wurde das Metallstück – der sogenannte Schrötling – auf einem Amboß geprägt (Abb. 5). Bei dieser mehr oder weniger rohen Prägemethode fielen die Münzen allerdings nie ganz rund aus. Oft weisen sie gesprungene Ränder auf. Zudem ist das Münzbild bisweilen nur unvollständig aufgeprägt. Für den Sammler antiker Münzen sind aber diese Nachteile eher ein Vorteil. Keine einzige Münze gleicht der andern. Darin liegt auch ihr unvergleichlicher Reiz. In der genialen Hand griechischer Stempelschneider wurde die Münze zum Kunstwerk. Kein Volk unserer Erde hat das «Geld» als Erzeugnis der Kunstfertigkeit so geadelt wie die alten Griechen.

Abb. 11. Königreich Pontus und Bosporus. Mithradates VI. Eupator (120/119–63 v. Chr.). AR-Tetradrachmon. Kopf des Königs mit Diadem n. r. Rs. Hirsch n. l. weidend. Efeukranz.

Die Darstellungen sind von großer Vielfalt. In erster Linie treten die Götter in allen Erscheinungsformen auf. Beim Studium einer größeren Sammlung ist auch der Reichtum an Tier- und Pflanzenbildern auffallend. Bei den Tieren sind es vor allem Pferde und Stiere, daneben Ziegen, Eber und Löwen. Vögel aller Art fehlen sowenig wie Fische und Krebse, selbst Insekten kommen vor. Viele Münzen zeigen Mensch und Tier in harmonischer Verbindung. An Pflanzen finden wir Blätter, Blumen und Früchte, diese sind allerdings seltener als Tierdarstellungen. Pflanzenbilder kommen vorwiegend in Form von Kränzen und als Verzierung des Münzbildes vor. Auch die Fabelwesen fehlen nicht. Als Stiere mit menschlichen Köpfen z. B. erscheinen die Flußgötter (18).
Die Sitte, auf der Münze das Haupt eines Gottes durch das Bildnis des jeweils regierenden Herrschers zu ersetzen, fand bei den Griechen nur allmählich Eingang. So hat Alexander der Große sein Bildnis zu Lebzeiten nie auf Münzen prägen lassen. Seine Münzen zeigen auf der Vorderseite den Kopf des jugendlichen Herakles im Löwenfell (24). Das Bild des

---

Pantikapaion (Schwarzmeergebiet). Goldstater, um 330 v. Chr. Vorderseite, oben: bärtiger Kopf des Pan mit strähnigem Haar und Tierohren n.l. Der Kopf ist mit einem Efeukranz mit Beeren geschmückt. Rückseite unten: ΠΑΝ. Gehörnter Panthergreif n.l. auf einer Gerstenähre stehend, im Rachen Speer. Originalgrösse: ∅ 21 mm.
Pantikapaion lag an der Stelle des heutigen Kertsch auf der Krim. Wie viele andere Städte am Schwarzen Meer wurde sie von Milet aus gegründet. Fernab von den Zentren der griechischen Kultur hat diese Stadt herrliche Goldmünzen geschaffen. Der Beschützer der Stadt war Pan; der auf der Rückseite dargestellte Greif behütet nach der Überlieferung die Goldschätze der Umgebung.
Am Ostende des Mithridatberges gelegen, beherrschte Pantikapaion seinerzeit die Meerenge und wurde zum wichtigsten Hafen (Getreide, Sklaven) und zur Hauptstadt des Bosporanischen Reiches. Die Stadt übernahm die ganze Produktion des Hinterlandes und wurde auf Kosten der andern Siedlungen zum Handelszentrum.
Für die Münzprägung lieferten die Goldbergwerke des Ural und Altai das Edelmetall. Später jedoch, während der Eroberungszüge Alexanders des Grossen, als Athen bereits seine führende Stellung verloren hatte, entfiel der Hauptabnehmer für Getreide, denn Athen war, namentlich zur Zeit seiner Hegemonie, der wichtigste Absatzmarkt des vom Bosporus ausgeführten Getreides gewesen. Die prächtigen Goldmünzen Pantikapaions konnten mit dem riesigen Goldzustrom Alexanders nicht mehr konkurrieren, und die Goldprägung hörte auf.

großen Königs zeigen uns dagegen die Münzen des thrakischen Königs Lysimachus (306–281 v. Chr.), der seinem Freund Alexander zu Ehren dessen Bild auf seine Münzen setzte (28). Nur allmählich bürgerte sich der Brauch ein, den Herrscherkopf auf den Münzen abzubilden. Prächtige Porträtmünzen finden wir besonders auf den Geprägen der griechischen Königsdynastien, in Makedonien, Syrien, Ägypten sowie im entfernten Baktrien und Indien (Abb. 11 und Tafel 3).
In Griechenland wurde vorerst hauptsächlich Silber vermünzt, im 4. vorchristlichen Jahrhundert ersetzte man die Kleinsilbermünzen durch Kupfergeld. Kupfer und Bronze wurden mit wenigen Ausnahmen zur Regel, als Griechenland unter römische Herrschaft kam.
Für die wissenschaftliche Ordnung der griechischen Münzen gilt heute noch das geographische System nach Eckhel. Unter griechischen Münzen allgemein versteht man sämtliche antiken Gepräge mit Ausnahme der römischen Münzen, also auch Stücke der nicht hellenischen oder hellenisierten Völker. Die Einteilung beginnt mit Europa, geht von Asien allgemein bis nach Indien und zuletzt vom Osten nach dem Westen bis nach Afrika. In dieser Ordnung werden auch die Sammlungen griechischer Münzen aufbewahrt.
Es würde den Inhalt dieses Taschenbuches weit überschreiten, wollte man alle griechischen Münzen beschreiben. Um aber dem Leser doch einen kleinen Begriff der Geschichte einer griechischen Münzprägung zu geben, folgt nachstehend ein kurzer Überblick über die münzgeschichtliche Entwicklung der Stadt Syrakus auf Sizilien. Im übrigen verweise ich auf die Tafeln 1–3.

Die Münzprägung von Syrakus
Sie beginnt gegen 530 v. Chr. Die Vorderseite der größeren Silbermünzen (Tetra- und Dekadrachmen) schmückt stets das nikebekränzte Vier-

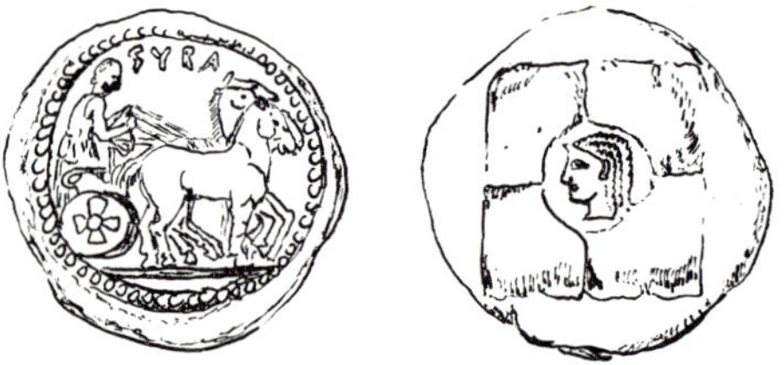

Abb. 12. Sizilien-Syrakus. AR-Tetradrachmon, um 510 v. Chr. Quadriga im Schritt n. r., von stehendem Lenker geführt. Rs. Quadratum incusum, in der Mitte in vertieftem Kreis kleiner Kopf der Arethusa n. l.

Abb. 13. Sizilien-Syrakus. AR-Dekadrachmon, um 400 v. Chr. Rs. Signiertes Werk des Meisters Kimon. Kopf der Arethusa n. l., das gelockte Haar am Hinterkopf in netzförmiger Sphendone hochgebunden. Auf dem Stirnband die Signatur des Meisters: KI.

gespann, die Rückseite fast ausnahmslos der Kopf der Quellnymphe Arethusa. Die Sage überliefert uns, daß Alpheios ein unermüdlicher Jäger war, der die Berge und Wälder Arkadiens durchpirschte. Eines Tages sah er, wie Arethusa, die Tochter des Nereus und der Doris, in einem Fluß badete. Er verliebte sich sterblich in die schöne Göttin! Arethusa ergriff die Flucht, Alpheios aber ließ von der Verfolgung nicht ab, bis sie nach Sizilien gelangten. Als die Jungfrau auf der Insel Ortygia bei Syrakus ankam, war ihre Kraft gebrochen, und der kühne Weidmann hätte sie bald erreicht. Da flehte sie zu Artemis um Hilfe. Diese verwandelte Alpheios in einen Fluß und Arethusa in eine Quelle. Aber auch in seiner neuen Gestalt verzichtete Alpheios nicht auf seine Liebe. Darum fließt sein süßes Wasser unter dem Meere durch, ohne sich mit dem Salzwasser zu vermengen, und vereinigt sich auf der Insel Ortygia mit der Quelle der Arethusa. Die Alten hatten bemerkt, daß die Quelle Süßwasser führt, obschon sie ganz vom Meer eingeschlossen ist. Die vier Delphine, die Arethusa auf den Münzen umschwimmen, waren ihre Begleiter und symbolisieren das Meer, in dessen Mitte wie ein Wunder die Quellgöttin auftaucht.
Auf der frühesten Münze der Stadt sind vom Viergespann nur zwei Pferde sichtbar, die beiden andern werden durch Konturenverdoppelung angedeutet. Die Rückseite zeigt ein vertieftes Quadrat ohne Zeichnung. Sie ist bis heute in einem einzigen Exemplar gefunden worden. Schon wenige Jahre später erscheint auf der Rückseite im viergeteilten Quadrat das kleine Köpfchen der Quellgöttin mit geperlten Haaren. (Abb. 12). Wieder etwas später (510–485 v. Chr.) wird der Kopf der Göttin deutlicher und ist mit Diadem und Halsband geschmückt. Die archaischen Münzen von Syrakus erreichen schon um diese Zeit bedeutende

künstlerische Höhe; in den Dekadrachmen (Demareteia) sind es Kunstwerke höchster Vollendung (248–249). Diodor erzählt, die Königin Demarete, Gemahlin des Königs Gelon I. von Syrakus (485–478 v. Chr.), habe von den Puniern für ihre Friedensvermittlung nach der Schlacht bei Himera (480–479 v. Chr.) einen goldenen Kranz als Ehrengeschenk erhalten und seinem Wert entsprechend Silbergeldstücke zu 10 Drachmen prägen lassen. Die Vorderseite dieser prächtigen Münze von rund 44 Gramm Gewicht zeigt wie üblich einen Wagenlenker im Viergespann, darüber eine die Pferde bekränzende fliegende Nike und im Abschnitt darunter einen nach rechts laufenden Löwen. Die Rückseite weist innerhalb einer von vier Delphinen umgebenen Kreislinie die Quellgöttin Are-

---

Ephesos (Ionien). Drachme, Silber, drittes Jahrhundert v. Chr. Vorderseite: E – Φ. Biene. Originalgröße: ∅ 18 mm.
Die alte Stadt Ephesos in der Kaystrosebene lag im Altertum unmittelbar am Meer. Heute ist sie um etwa sieben Kilometer landeinwärts verlagert. Frei in der Ebene lag das weltberühmte Artemision, das Heiligtum der ephesischen Artemis, von dem heute fast nichts mehr erhalten ist. Die heiligen Tiere dieser Göttin waren der Hirsch und die Biene. Die Oberpriesterin wurde Bienenkönigin, die andern Priesterinnen Bienen genannt.

Klazomenai (Ionien). Didrachmon, Silber, um 500 v. Chr. Vorderseite. Geflügelte Eberprotome n. r. Originalgröße: ∅ 18 mm.
Die Stadt Klazomenai, im nördlichen Ionien am Südufer des Golfes von Smyrna gelegen, hat fast über ein Jahrhundert den Vorderteil eines geflügelten Ebers auf ihre Münzen gesetzt. Damals kam der Wildeber in den Wäldern Kleinasiens sehr häufig vor. Er wurde auch von vielen andern Städten des griechischen Kleinasiens als Münzbild gewählt.

Knidos (Karien). Drachme, Silber, um 450 v. Chr. Rückseite. Aphroditeköpfchen in vertieftem Quadrat. Die Göttin trägt geperltes Haar, das im Nacken zu einem kleinen Knoten gebunden ist. Originalgröße: ∅ 16 mm.
Das dorische Knidos lag auf der weit vorspringenden Südwestspitze Kleinasiens, zum Teil auf einer heute landfest gewordenen Insel. Die knidischen Münzen tragen auf der Vorderseite einen Löwenkopf. Auf dem Kap Triopia lag das Heiligtum des triopischen Apollon, der mit dem Löwen eng verbunden war. Die Aphroditeköpfchen auf den Rückseiten dieser Münzen gehören zu den anmutigsten Münzdenkmälern des Altertums.

Ε Φ

thusa mit Ölkranz, dem Siegesschmuck, auf. Von dieser berühmten Münze sind bis heute 17 Exemplare bekannt, die sich zum größten Teil in Museen befinden.
Bald tritt in der Zeichnung eine Wandlung ein, die sich in erster Linie in der Haartracht der Quellgöttin zeigt. Der Kopf wird immer mehr zum lebensvollen Bild einer schönen Syrakuserin. Bald ist das Haar mit schmaler Schnur an mehreren Stellen zusammengebunden oder dreifach zu einer Rolle geschlungen. Auf andern Münzen bildet es einen Schopf, ähnlich einem Roßschwanz, oder es ist im Nacken hochgesteckt und durch eine breite Binde festgehalten. Eine besonders schöne Darstellung zeigt das Haar im Sakkos, einer sackartigen Haube mit Mäandermuster. Oft endet der Sakkos in zwei schmalen Zipfeln (20). Bei einer andern Münze ist das Haar im Winde fliegend dargestellt. Aber auch die Vorderseite der Münze hat sich gewandelt. Während auf den früheren Geprägen die fliegende Nike den Siegeskranz den Pferden verlieh, übergibt sie ihn nun dem Lenker des Viergespanns. Den künstlerischen Höhepunkt erreichen die Münzen um 425–400 v. Chr. Viele dieser Stücke tragen nun die Inschriften der Stempelschneider, die sie geschaffen haben. Euainetos, Kimon, Eukleidas, Phrygillos und Eumenes waren die berühmtesten. Ihre Signatur ist oft im Münzbild versteckt, meist stark abgekürzt (Abb.13). Auch hier bilden die großen Dekadrachmen den Höhepunkt des Schaffens. Diese unübertrefflichen Leistungen der Stempelschneidekunst sind vermutlich Siegesprägungen des Dionysios I., der kurz nach seiner Machtergreifung im Sommer 405 v. Chr. die Karthager in einem Gefecht schlug. Die Pferde auf der Vorderseite sind nun in voller Bewegung, der Lenker leitet kurz vor der Säule das Wendemanöver ein. Im Abschnitt unten die «Panoplie», bestehend aus Beinschienen, Harnisch, Helm und Schild, als Siegespreise inschriftlich bezeichnet (22). Die Rückseite trägt wieder den Kopf der Quellgöttin. Bei den Münzen des Euainetos wird sie mit Schilfkranz dargestellt und nach neusten Erkenntnissen als Kore oder Persephone bezeichnet (23), während Kimon das Haar in einem engmaschigen Netz zurückhält (Abb. 13). Euainetos zeichnet die Göttin mit bezaubernder Anmut, wogegen Meister Kimon sie, großartig durchgebildet, mit ernstem, fast zürnendem Blick darstellt. Eine der erhabensten Schöpfungen des Kimon, um 405 v. Chr. entstanden, die schon im Altertum Bewunderung und Nachahmung gefunden hat, zeigt die schwierige Darstellung des Arethusakopfes von vorn. Dieses Münzbild hat viele andere Stempelschneider der Blütezeit beschäftigt, ist aber in seiner Vollkommenheit nie erreicht worden.
Die seltenen Goldmünzen von Syrakus aus der gleichen Zeit zeigen auf der Vorderseite wieder den Kopf der Arethusa, rückseitig aber den jugendlichen nackten Herakles, der den Löwen von Nemea würgt.

Auch den Königen, die in Syrakus zeitweilig herrschten, verdanken wir viele schöne Stücke, so Agathokles (317–289 v. Chr.), dessen Münzen auf der Vorderseite durch den Kopf der Kore geziert sind. Die Rückseite zeigt die stehende Nike, die mit Hammer und Nagel einen Helm an eine Trophäe festschlägt. Unter Hiketas (287–278 v. Chr.) finden wir – nun aber rückseitig – wieder die Quadriga, und unter Hieron (274–216 v. Chr.) erscheinen die ersten Porträtmünzen mit Königskopf. Schöne Münzen wurden auch mit dem verschleierten Bildnis seiner Gattin Philistis geprägt. Hieron gelang die Wiederherstellung der syrakusischen Vorherrschaft über Sizilien, allerdings nur unter dem Schutze Roms. Nach ihm folgte die kurze Regierung seines Enkels Hieronymos (216–215 v. Chr.). Seine Münzen zeigen den Königskopf mit Königsbinde, auf der Rückseite einen geflügelten Blitz. Bald nachher teilte Sizilien und damit auch Syrakus das Schicksal Süditaliens und wurde römische Provinz.

Keltische Münzen (Tafel 9)
An die rein griechischen Münzen schließen sich jene der verschiedenen Randkulturen an. Die Gepräge der Kelten, deren Wanderleben sie durch viele Länder führte, lassen sich kaum mit den Münzen der Griechen und Römer vergleichen. Die keltischen Reiche hatten keinen langen Bestand, und das Volk selbst besaß nicht den Schönheitssinn der Griechen. Ihre Münzen sind meist stark stilisiert den griechischen Geprägen nachgeahmt (99–106). Die keltiberischen Einwohner Spaniens haben seit ihrer Berührung mit den Römern um 200 v. Chr. viele Silber- und Kupfermünzen geschlagen, die die Aufschrift des Stammes oder Gaues tragen. Zuerst tritt die keltiberische Schrift auf, später finden wir auch lateinische Legenden. Die Kelten Galliens benützten meist die lateinische Schrift. Unter diesen größtenteils im 1. vorchristlichen Jahrhundert geprägten Münzen finden wir die Namen bekannter Häuptlinge aus Cäsars Geschichte, wie Vercingetorix, Orgetorix und Dumnorix. Über Gallien hinaus kommen solche Münzen auch in Britannien vor, so jene des Königs Cunobelinus, eines Zeitgenossen des Kaisers Augustus. Eine merkwürdige keltische Münzsorte sind die sogenannten «Regenbogenschüsselchen». Man hat sie hauptsächlich in Süddeutschland, in der Schweiz, aber auch in Böhmen und Nordwestdeutschland gefunden. Es

Abb. 14. Kelten. Rätische Schüsselmünze, Gold, spätes 2./frühes 1. Jh. v. Chr. Schlangendrache. Rs. CVR. (Vielleicht Chur, eher aber als Hinweis auf die keltische Völkerschaft der Curiones, die zwischen Donau und Main wohnhaft war.)

handelt sich um kleine, dicke schüsselförmige Münzen aus Gold oder einer Goldlegierung. Nach dem Volksglauben soll auf solchen Münzen ein Regenbogen stehen (103–104). Das Münzbild zeigt häufig ein kreisförmig zusammengebogenes, drachenartiges Geschöpf (Abb. 14). Es kommen aber auch kreisförmige Zeichnungen und dreibeinartige Darstellungen vor, die im Volksmund «Sonnenwirbelchen» genannt werden.

Griechische Münzen der Kaiserzeit

Der allmähliche Übergriff der Herrschaft Roms auf die griechischen Gebiete bereitete der selbständigen Gold- und Silberprägung ein Ende. Die griechischen Münzen zeigen schon in der letzten Zeit der römischen Republik römischen Einfluß. Mit der Kaiserzeit tritt er nun endgültig hervor: die einheimischen Königs- und Götterbilder auf der Vorderseite der Münzen werden durch die Porträts stolzer römischer Kaiser verdrängt. Als Münzmetall wird hauptsächlich Kupfer und Bronze verwendet, Silber nur noch für wenige Provinzialgepräge, wie in Kappadokien, Syrien und Ägypten. In den Aufschriften sucht man die verlorene Freiheit durch untertänige Sätze zu ersetzen; auf einer Münze von Nikaia findet sich z. B. der Ausspruch: «Unter der Herrschaft des Commodus ist die Welt glücklich».

Königreich Ägypten. Ptolemaios VI. Philometor im Namen der Arsinoë II.

(180–145 v. Chr.). Goldenes Oktadrachmon im Gewicht von 27,20 g. Verschleierte Büste der Arsinoë n.r. Sie trägt Stefane und Isiskrone. Links K. Rückseitig ein doppeltes Füllhorn mit Früchten und Trauben, mit der Königsbinde verziert, das Zeichen des Glückes und des Reichtums. Die Aufschrift lautet: ΑΡΣΙΝΟΗΣ ΦΙΛΑΔΕΛΦΟΥ. Arsinoë, in erster Ehe mit König Lysimachos von Thrakien verheiratet, starb im Jahr 270. Ihr Bruder, Ptolemaios II., mit welchem sie sich nach ägyptischer Sitte zum zweiten Mal verheiratete, liess sie nach ihrem Tode zur Göttin erheben. Die Aufschrift der Rückseite der prachtvollen Münze nennt sie die «bruderliebende Arsinoë».

Der unerschöpfliche Reichtum des Nillandes, verbunden mit einer mustergültigen Finanzwirtschaft und Verwaltung, ermöglichte den ptolemäischen Königen eine ungemein reiche Münzprägung. Neben unzähligen Silber- und Bronzemünzen wurden besonders schwere und grosse Goldmünzen geschlagen, hier vorwiegend Oktadrachmen. Das goldene Oktadrachmon, auch Mnaieion, d. h. Minenstück, genannt, hatte den Wert von einer Mine zu 100 Drachmen Silber, was ein Verhältnis von Gold zu Silber von 12½ : 1 ergab.

K

ΑΡΣΙΝΟΗΣ
ΦΙΛΑΔΕΛΦΟΥ

Abb. 15. Alexandriner-Tetradrachme (Bronze) des Gordianus I. Africanus (238 n. Chr.). Vs. Drapiertes Brustbild des Kaisers im Lorbeerkranz n. r. Romprägungen dieses Kaisers, der nur etwas mehr als einen Monat regiert hat, sind ziemlich selten. Man kann daher, um die Porträtlücke seiner Sammlung zu schließen, ein solches Stück aufnehmen.

Der Wert der unter den römischen Kaisern geprägten griechischen Münzen besteht für den Numismatiker hauptsächlich im Reichtum mythologischer Darstellungen. Viele davon sind getreue Kopien von Werken der großen Kunst. Neben unzähligen Bildern von Göttern und Heroen findet man auch Abbildungen ganzer Städte und Bauten (Akropolis von Athen, Sonnentempel von Baalbek-Heliopolis, der Leuchtturm von Alexandrien in Pharos usw.). Höchst bemerkenswert sind auch die Porträts berühmter Dichter und Schriftsteller, wie Homer, Herodot und Pythagoras. Aber nicht alle Städte fanden sich ohne weiteres damit ab, auf ihren Münzen das Bildnis des jeweiligen römischen Kaisers darzustellen. So tragen auch die späten Münzen Athens, die bis tief ins 3. Jahrhundert n. Chr. reichen, niemals Kaiserbildnisse. Die Stadt verblieb äußerlich immer frei und autonom: der Kopf der Athena ersetzt das Bild des Herrschers.
Für den Münzsammler ist besonders die lange Reihe des ägyptischen Provinzialgeldes von großem Interesse. Auf diesen Münzen finden wir in großer Fülle die Porträts der römischen Herrscher und Herrscherinnen. Einige von ihnen erscheinen nur in dieser Münzreihe, so z. B. Flavia Titiana, die Gattin des Kaisers Pertinax, und dessen Sohn, Pertinax II. Dort, wo die römischen Münzen fehlen oder verhältnismäßig selten und teuer sind, wird der Sammler die Lücken seiner Porträtsammlung mit alexandrinischen Stücken vervollständigen können (Abb. 15). Die Rückseiten dieser sogenannten «Alexandriner» nennen das Regierungsjahr des Kaisers (LA = Jahr 1, LB = Jahr 2; das «L» ist das Zeichen für «Jahr»). Aus der Münzstätte Alexandrien stammen übrigens auch die sehr seltenen Münzen der palmyrenischen Königin Zenobia.

Münzen der römischen Republik (Tafel 4)
Die ältesten Münzen der römischen Republik aus dem 3. vorchristlichen Jahrhundert bestehen aus Kupfer (Bronze). Sie sind statt durch die übliche Prägung durch Guß hergestellt. Noch früher wog man das als Wertmesser dienende Metall in rohen Stücken aus (Aes rude). Die großen, gegossenen Kupfermünzen nennt man Schwergeld (Aes grave). Sie tragen regelmäßig Wertzeichen. Außer in Rom selbst finden wir diese Münzen auch im übrigen Mittelitalien. Die Reihe des in Rom selbst

gegossenen Schwergeldes beginnt neben einigen seltenen größeren Stücken mit dem As. Alle diese Münzen tragen wohl zur Erinnerung an die Wegnahme der Flotte von Antium (338 v. Chr.) auf der Rückseite, neben der Wertbezeichnung, einen Schiffsvorderteil (Prora).

	Vs.	Rs.	
As	Januskopf	Prora und Wertbezeichnung	(Abb. 17)
Semis	Jupiterkopf, darunter liegendes S	Prora und S (S = Semis)	
Triens	Kopf der Minerva und 4 Kugeln (= 4 Unzen)	Prora und ●●●●	
Quadrans	Unbärtiger Kopf des Herkules und 3 Kugeln	Prora und ●●●	
Sextans	Kopf des Merkur und 2 Kugeln	Prora und ●●	
Uncia	Kopf des Mars und 1 Kugel	Prora und ●	

Die andern gegossenen Münzen aus Etrurien und Kampanien usw. tragen für jede Wertstufe ein anderes Bild (36, 37).
Die Münze zu 1 As wog ursprünglich 1 Pfund, d. h. ca. 273 Gramm, später nach dem neuen Pfund rund 327 Gramm. Nach der Überlieferung konnte man eine größere Summe dieses unhandlichen Münzgeldes nur auf Lastkarren herbeischaffen. Schon bald wurden dann die Münzen im Gewicht gesetzlich bedeutend herabgesetzt, so daß schließlich der As gewichtsmäßig der halben Unze gleichkam. Die ältesten Silbermünzen der römischen Republik wurden um 269 v. Chr. geprägt. Anfangs sind diese Münzen recht gut und fast griechisch gearbeitet. Das häufigste Wertstück war das Didrachmon von 7,58, später 6,82 Gramm. Diese

Abb. 16. Rom. AR-Didrachmon, 269–266 v. Chr. Kopf des Herkules n. r. Rs. Wölfin mit Romulus und Remus.

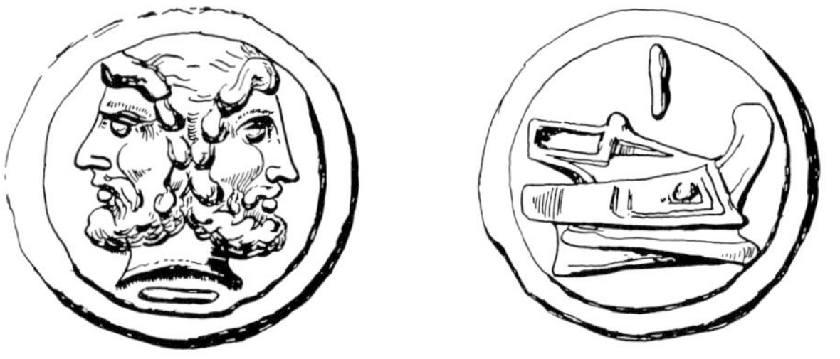

Abb. 17. Rom. Gegossenes Schwergeld (Aes grave). AE-As, Libralfuß, um 230 v. Chr., Januskopf. Rs. Prora (Schiffsvorderteil). $^1/_2$ natürliche Größe.

Münzen zeigen auf der Vorderseite einen Götterkopf (Herkules), auf der Rückseite die Wölfin mit Romulus und Remus. Sie tragen die Inschrift «Romano» (Abb. 16).

Die eigentliche Silberprägung Roms beginnt um 210 v. Chr. Es erscheinen: der Denar (10 Asse), zuerst 4,55 Gramm schwer, später normiert auf 3,90 Gramm; der Quinar (5 Asse) und der Silbersesterz ($2^1/_2$ Asse). Als Münzbild wählte man den Helmkopf der Roma, rückseitig die Dioskuren zu Pferd, später Victoria im Zweigespann (Abb. 18). Die Silbermünzen tragen zuerst den Stadtnamen, aber schon früh finden wir kleine Beizeichen und Monogramme: sie bezeichnen jenen Münzmeister, der das Stück prägen ließ. Im Laufe des 2. Jahrhunderts v. Chr. erhalten nun die zum Münzmeister ernannten Beamten das Recht, ihren Namen voll auf die Münzen zu setzen. Sie bestimmen damit auch das Münzbild nach eigener Wahl. Man nennt diese Prägungen daher auch «Familienmünzen» (38–45). Viele dieser Denare besitzen einen eigenartig gezähnten Rand und wurden «Serrati» (lat.: serra, die Säge) genannt (40, 41). In der Folge treten viele historische und mythologische Darstellungen auf, die sich meist auf die Vorfahren des prägenden Beamten, auf den Ruhm seines Geschlechtes oder auf die sagenhafte Urgeschichte Roms beziehen. Künstlerisch reichen diese Münzen allerdings nur in ganz seltenen Fällen an die griechischen Prägungen heran. Sie sind aber höchst abwechslungsreich und werden von den Münzsammlern gerne gesammelt. Unter den vielen Familiendenaren der römischen Republik ragen besonders einige interessante Typen hervor, wie jene mit dem Bild des großen Sulla, die Darstellung des Raubes der Sabinerinnen, das Bildnis des 1. Konsuls L. Brutus, eines Ahnen des Cäsarmörders, usw. Der Münzmeister L. Hostilius Saserna prägt 48 v. Chr. Münzen mit prächtigen Gallier-

köpfen, in welchen man das Bildnis des berühmten Arvernerfürsten Vercingetorix vermutet, der sich nach ruhmvollem Widerstand seinen römischen Gegnern ergab, um sein Volk zu retten (45). Die Einteilung der Familienmünzen erfolgt nach dem Datum der Ausgabe oder nach den Familiennamen der prägenden Beamten.
Mit Iulius Cäsar erscheint erstmals das Bildnis eines Lebenden auf römischem Geld. Er erhielt dieses Recht vom Senat in seinem Todesjahr 44 v. Chr. und hat davon noch recht regen Gebrauch gemacht. Aber auch nach seinem Tode wurden viele Münzen mit seinem Bildnis geprägt, da er zum Gott (Divus) erhoben wurde (47). Nach Cäsars Ermordung erscheinen nun auch andere Porträts berühmter Römer auf Münzen, so Pompeius der Große, Brutus, Antonius usw. (46, 48). Die Köpfe der Triumvirn Antonius und Octavian erscheinen oft auf einer Münze vereint. Als Neuerung finden wir aber auch die Porträts der Gemahlinnen, so Octavia, die Gattin des Antonius. Der Streit der beiden Beherrscher des römischen Reiches wurde durch die Vermählung des Antonius mit der Schwester Octavians scheinbar beigelegt. Die Münze soll das Ereignis feiern. Bald aber begannen die Feindseligkeiten erneut. Antonius trennte sich von Octavia und erscheint auf Silbermünzen als Gemahl der ägyptischen Königin Cleopatra VII. In der Schlacht von Aktium (31 v. Chr.) wurde Antonius besiegt und Octavian Alleinherrscher des römischen Reiches.

Abb. 18. Rom. AR-Denar, -Quinar und -Sesterz. Um 210 v. Chr.

Römische Kaisermünzen (Tafeln 5–8)
Unter Kaiser Augustus (Octavianus) bahnt sich nun der Weg an, der das römische Geld zum Vorbild alles späteren machen sollte. Seit dieser Zeit finden wir auf den in allen drei Metallen in großen Mengen vorhandenen römischen Münzen auf der Vorderseite den Kopf, die Namensinschrift und die Titulatur des Kaisers. Doch auch hier keine Regel ohne Ausnahme: auf einigen Münzen des Augustus mit Angabe der Münzmeisternamen ist der Kopf des Herrschers nicht abgebildet. In der frühen Kaiserzeit finden wir ab und zu Münzen, die keine Kaiserbildnisse tragen. Grundsätzlich ist aber das Porträt des Herrschers auf der Vorderseite die Regel. Die Form der Umschrift setzt sich allmählich fest und lautet wie folgt: **Imperator Caesar** (dann folgt der Name) – **Pontifex Maximus** – **Tribunicia Potestate** (dann folgt die Zahl) – **Consul** (Zahl) – **Pater Patriae.** Die einzelnen Wörter sind aber mehrheitlich abgekürzt: IMP. CAES. P. M. oder PONT. MAX. TR. P. COS. PP. (Abb. 19). Auch der Name des Kaisers wird fast immer in mehr oder weniger abgekürzter Form wiedergegeben, so z. B. für Titus = T, für Vespasian = VESP., oft stehen auch die Titel in einer etwas anderen Reihenfolge. Das römische U wird wie V geschrieben, also VESPASIANVS. Oft tragen die Münzen nach der Titulatur Zahlen und lassen sich auf diese Weise genau datieren. Als Beispiel nennen wir Kaiser Augustus, dem die «tribunicia potestas» im Jahre 23 v. Chr. zuerkannt wurde. Dieser Titel wird alljährlich erneuert und die Wiederholungszahl angefügt. Diese Iterationsziffer ist eines der wichtigsten Hilfsmittel, die Münzen zu datieren. Sie gibt zudem die exakte Zahl der Regierungsjahre an. Allerdings konnten schon Mitregenten die TR. P. erhalten, so daß gewisse Kaiser (z. B. Marc Aurel) eine viel höhere TR.-P.-Zahl aufweisen, als sie Regierungsjahre hatten. Marc Aurel war bereits unter Antoninus Pius Mitregent (Cäsar). Man rechnet vom Tage des Regierungsantrittes ab, seit Kaiser Nerva meist ab 10. Dezember bis zum 9. Dezember des folgenden Jahres.
Der Kopfschmuck des Kaisers ist seit Augustus der Lorbeerkranz mit Bandschleife (51), bisweilen wird auch der bloße Kopf dargestellt (49). Häufig tritt auch die ebenfalls mit Bandschleife versehene Strahlen- oder Zackenkrone auf, unter Tiberius als Abzeichen des Divus (des Gottes, also nach seinem Tode), später als Hilfsmittel, um die verschiedenen Münzsorten besser unterscheiden zu können (52). Konstantin der Große erscheint erstmals mit dem Diadem, das aus Perlreifen oder einzelnen Schildchen zusammengesetzt ist (58). Auch der Helm, oft mit Speer und Schild, erscheint auf den spätrömischen Münzen (83). Während schon in der vorkaiserlichen Zeit Antonius die Bildnisse seiner Familienangehörigen auf Münzen prägen ließ, hat dies Augustus nur ganz ausnahmsweise getan. Erst unter Claudius und besonders seit Domitian wird diese Sitte allgemein. Außer dem Kaiser selbst erscheinen nun auf den Münzen

Abb. 19. Sesterz des Kaisers Trajan (98–117 n. Chr.). Vs. Wie man eine römische Kaisermünze liest. Die Inschrift lautet: IMPERATORI. CAESARI. NERVAE. TRAIANO. AVGVSTO. GERMANICO. DACICO. PONTIFICI. MAXIMO. TRIBVNICIA. POTESTATE. CONSVLI V. PATRI. PATRIAE. Diese Legende steht im Gegensatz zu den meisten andern nicht im 1., sondern im 3. Fall und ist als Widmung zu verstehen: «dem Imperator . . .» oder «für . . .». In der Regel steht der 1. Fall (z. B. NERO. CLAVDIVS. CAESAR. AVGVSTUS . . .). Die Abkürzung COS. V weist darauf hin, daß die Münze geprägt wurde, als Trajan zum fünften Mal den Titel eines Konsuls erhielt. Er führte diesen Titel 103–111 n. Chr. Die Münze ist somit datiert.

auch die Thronfolger (Cäsar) oder Mitregenten (Augustus) sowie jene weiblichen Angehörigen des Kaiserhauses, welche den Namen Augusta tragen, also die Gemahlinnen und ihre Töchter, gelegentlich sogar Mutter, Großmutter, Schwester und Nichte des Kaisers.
Das Wertverhältnis der römischen Kaisermünzen ist folgendes:

1 Aureus in Gold (8,19 Gramm)	= 25 Denare in Silber (49)
1 Denar	= 4 Sesterzen (Messing) (50)
1 Sesterz	= 2 Dupondien (Messing) (51)
1 Dupondius	= 2 Asse (Kupfer) (52)

Auf den As (53) folgten noch zwei kleinere, unbedeutendere Bronzemünzen, der Semis (54) und der Quadrans. Ganz selten wurden auch die Gold- und Silbermünzen noch unterteilt (Quinare).
Der goldene Aureus sank aber schon unter Nero auf 7,28 g.
Unter Kaiser Augustus wurde nun das gesamte Geldwesen des römischen Reiches neu geordnet und ein allen Anforderungen des Handels und des Verkehrs angepaßtes, straff zentralisiertes Münzwesen geschaffen. Das Prägerecht wurde kaiserliches Privileg, wenngleich die beiden Buchstaben SC (Senatus Consulto) bis zu Kaiser Florian (276 n. Chr.) weiterhin auf fast alle Messing- und Kupfermünzen gesetzt wurden.
Seit Caracalla (198–217 n. Chr.) prägte man neben dem Denar auch ein grösseres Silberstück (Doppeldenar?), nach diesem Kaiser, der mit dem richtigen Namen Marcus Aurelius Antoninus Bassianus hieß, «Antoni-

nian» genannt (55). Der Kopf des Kaisers ist auf dieser Münze mit einer Strahlenkrone geschmückt, auf dem Denar trägt er dagegen den Lorbeerkranz. Die neue Münze verdrängt den alten Denar im Laufe der Zeit gänzlich, wird aber in seiner Legierung zusehends schlechter und bleibt am Ende nur eine kleine, unansehnliche Kupfermünze mit schwachem Silbersud.
Unter Traian Decius (249–251 n. Chr.) erscheint erstmals eine prächtige, große Bronzemünze, der Doppelsesterz. Sie wurde von keinem andern Kaiser mehr geprägt. Aber fortan sinkt der Wert der Münzen immer tiefer. Die silbernen nehmen an Legierung ständig zu, der Feingehalt geht unter Gallienus (253–268 n. Chr.), dessen Prägungen die größten Schwankungen aufweisen, bis fast auf $^1/_{20}$ herab. Die ehemalige Silbermünze, der Antoninianus, besteht schließlich mit wenigen Ausnahmen nur noch aus Kupfer, das, oft weiß gesotten, den Schein des Silbers annimmt. Das gesamte Münzwesen in der Epoche von Gallienus bis in die Mitte der Regierung des Diocletian zerfiel vollkommen. Aurelian (270–275 n. Chr.), der einen Aufstand der Münzer (Sklaven der Münzstätten) unter Opferung von 7000 Menschenleben niedergeschlagen hatte, suchte vergeblich Ordnung in das Münzwesen zu bringen. Dies gelang erst einem seiner Nachfolger. Diocletian (284–304 n. Chr.) führte eine umfassende Münzreform durch. Er ließ wieder einen Denar aus gutem Silber schlagen (Argenteus, 57). Als Neuerung führte er eine größere Bronzemünze mit schwachem Silberzusatz ein, den sogenannten Follis (56). Konstantin der Große endlich (308–337 n. Chr.) prägte erstmals den goldenen Solidus, eine Goldmünze von $^1/_{72}$ Pfund Gewicht (4,55 Gramm, 58). Daneben eine kleinere Silbermünze, die Siliqua (59), sowie den kupfernen Centenionalis (60). Es würde zu weit führen, hier sämtliche römi-

---

Claudius 41–54. Der jüngere Sohn des Nero Claudius Drusus und der Antonia. Kistophor, geprägt 51/54 in Ephesus. TI CLAVD CAES AVG. Kopf des Claudius nach links. Rückseite, unten: DIAN-EPHE. Der Dianatempel von Ephesus mit vier Säulen. Im Innern Kultbild der Diana. Silber, Originalgröße: ∅ 26 mm.
Die von den römischen Kaisern in Kleinasien geprägten Silbermünzen, Kistophoren genannt, liefen zeitweise in überaus großer Zahl um und dienten weitgehend der kaiserlichen Propaganda. In der Regel von stilistisch hoher Qualität, sind sie auch in historischer Hinsicht äußerst interessante Prägungen. Die Stücke wiegen zwischen 10 und 12 Gramm und stellten den Wert von theoretisch drei, praktisch aber nur $2^1/_2$ Denaren dar. Ihren Namen haben sie von einer Münzsorte, die unter König Eumenes II. von Pergamon (197–159 v. Chr.) eingeführt wurde.

TI CLAVD

DIAN
EPHE

schen Währungsgrundlagen bis in alle Einzelheiten darzustellen.
In der frühen Kaiserzeit war Rom fast die einzige Münzstätte, eine weitere befand sich in Lugdunum (Lyon). Nur ganz gelegentlich wurden neue Münzstätten in den Provinzen errichtet. Erst seit dem 3. Jahrhundert prägte man in verschiedenen, über das ganze Reich verteilten Münzstätten. Diese Neuerung wurde deshalb angestrebt, weil Geldtransporte von Rom in die Provinzen durch zahlreiche Barbareneinfälle und Thronkämpfe immer unsicherer wurden. Die neuen Münzstätten zeichneten nun ihr Geld mit verschiedenen Buchstaben und Emissionszeichen, die bisher nicht üblich waren, so z. B. SMN = Sacra Moneta Nicomediensis. Innerhalb einer größeren Münzstätte befanden sich eine Anzahl von Ateliers, Offizinen genannt. Jede derselben war vollständig eingerichtet und arbeitete unabhängig. Aus den Offizinsmarken ersehen wir, daß die Reichsmünzstätte von Rom z. B. unter Philipp I. mit 6, unter Gallienus dagegen mit 12 Offizinen arbeitete. Die einzelnen Offizinen wurden auch mit entsprechenden Buchstaben bezeichnet (P = Prima, also 1. Offizin, S = Secunda, T = Tertia usw.). Auf den späten Goldmünzen (Solidi) finden wir zudem oft die Buchstaben OB, die zugleich das griechische Zahlzeichen 72 und die Abkürzung für (OB)ryziacus, d.h. Münze aus geläutertem Golde, sind.
Von überragender Schönheit sind die römischen Kaisermünzen der ersten zwei Jahrhunderte n. Chr. Dies gilt besonders für die «Groß- und Mittelbronzen», d. h. die Sesterzen, Dupondien und Asse, deren Porträts und Rückseitendarstellungen oft mit großartiger künstlerischer Meisterschaft gestaltet sind. Der Zauber der Patina verleiht ihnen oft den Glanz seltener Edelsteine. Die Münzen vermitteln uns zudem ein lebendiges Bild vom wahren Aussehen der Herrscher und Herrscherinnen. Freilich stehen neben Münzen edelster Bildniskunst eine Unmenge mittelmäßiger, ja schlechter. Die Prägemethoden sind nach wie vor primitiv, die Stempel nützten sich angesichts der Massenprägung, die das Reich erforderte, schnell ab. Schon bald wird die Porträtdarstellung etwas flüchtiger, verbindet aber noch immer gleichmäßig Schönheit mit ikonographischer Treue. Oft sind noch lobenswerte Leistungen zu sehen, die Münzkunst verfällt aber später zusehends in Schablone. Die Köpfe der Kaiser wirken flach und schematisch, und in der spätrömischen Kaiserzeit ist es nicht immer möglich, die Herrscher auf Grund ihrer Münzbilder einwandfrei zu erkennen. Die Münze wurde zum oberflächlich und flüchtig erzeugten Massenartikel. Schön und lebensnah bleiben nur die Porträts auf den Goldmünzen (Aurei), die in der spätrömischen Kaiserzeit aber selten sind.
Die Münzen des römischen Kaiserreiches waren nicht nur Zahlungsmittel, sondern ebenso Verkünder kaiserlicher Taten, militärischer Erfolge und verschiedener Regierungsprogramme. Daraus erklärt sich auch die

große Fülle interessanter und bisweilen prächtiger Rückseitendarstellungen (Tafel 8). Neben den zwölf Hauptgöttern Roms finden wir die Personifikationen von Ländern, Städten und Flüssen (Kaiser Hadrians Reisen, Abb. 20), Darstellungen der kriegerischen und politischen Erfolge der Kaiser sowie viele Bilder aus dem Sakralwesen. Auch die Erklärung verstorbener Kaiser zum Gott (Erhebung zum Divus, Abb. 21), Ausschnitte aus dem öffentlichen Leben und die Bautätigkeit der Kaiser gaben Anlaß zu Münzbildern. Das ungemein bunte und vielfältige Bild voll reicher Belehrung über Geschichte, Kultur, Religion und Kunst auf den römischen Kaisermünzen ist eines der faszinierendsten Kapitel der antiken Numismatik.
In der nachfolgenden Aufstellung wollen wir einige typische und besonders interessante Münzen betrachten. Die Daten in Klammern beziehen sich stets auf die Regierungszeit des Herrschers.
In der reichen und sorgfältig ausgeführten Münzreihe des Kaisers Augustus (61, 62) (31 v. Chr.–14 n.Chr.) treten uns die Taten seiner friedlichen Herrschaft vor Augen. Herrliche Denare – wohl griechischer Kunstfertigkeit entstammend – wurden nach der Schlacht von Aktium geprägt (62). Eine Münze erzählt uns die Rückgabe der in den unglücklichen Kriegen gegen die Parther verlorenen Feldzeichen und Gefangenen unter Phraates IV. (20 v. Chr.), und auf einem Denar wird der Wegebau des Kaisers lobend erwähnt. Von seinen Familienangehörigen erscheinen auf seinen Münzen die Tochter Julia und sein Schwiegersohn Agrippa, der große Seeheld. Nur wenige Münzen erwähnen die Adoption seines Nachfolgers, des Kaisers Tiberius. Unter letzterem wurden einige prachtvolle

Abb. 20. Links. Rückseite eines Sesterzes des Kaisers Hadrian (117–138 n. Chr.). Darstellung der personifizierten Afrika, geprägt anläßlich der Afrikareise des Kaisers.
Abb. 21. Rechts. Rückseite eines Sesterzes des Kaisers Marcus Aurelius (161–180 n. Chr.). Der nach seinem Tode zum Gott erklärte Kaiser (Divus) fliegt auf dem Rücken eines Adlers in den Himmel.

Bronzemünzen mit dem Bildnis der Livia, seiner Mutter, geschlagen, der dritten Gemahlin des Kaisers Augustus (64). Unter Tiberius (14–37 n. Chr.) erschien der berühmte «Zinsgroschen» der Bibel (Ev. Matth. 22, 19). Die so bezeichnete Münze ist ein Denar mit dem Bilde des Kaisers Tiberius, während dessen Regierungszeit Christus lebte. Die gleiche Münze wurde auch in Gold als Aureus geprägt (63). Von den Prägungen unter Caligula und Claudius (65) gelangen wir zu den gut ausgeführten Münzen des Kaisers Nero (54–68 n. Chr.). Unter ihm ist der feierlichen Schließung des Janustempels, die dem Volk den Frieden kundtat, auf zahlreichen Münzen gedacht worden. Besonders interessant ist auf einem Sesterz die Darstellung des Hafens von Ostia und die figurenreiche Szene des Congiariums – der Beschenkung Dürftiger durch den Kaiser. Die Münzreihe des Nero zeichnet sich durch große Vielfalt aus (49, 53, 90, 93). Von seinen Nachfolgern Galba (51) (68–69 n. Chr.) und Vitellius (69 n. Chr.) besitzen wir trotz der kurzen Regierungszeit eben-

---

Hadrian 117–138. Aureus, Rom, 134–138. HADRIANVS AVG COS III P P. Büste Hadrians nach rechts, auf der linken Schulter Gewandandeutung. Rückseite unten: DIVIS PARENTIBVS. Die drapierte Büste Traians nach rechts, die drapierte Büste der Plotina nach links gewandt, einander gegenüber. Über den Köpfen je ein Stern als Zeichen der Vergöttlichung. Gold, Originalgröße: ∅ 20 mm.

Als Plotina im Jahre 129 n. Chr. starb, wurde sie von Hadrian zur Diva erhoben. Die prachtvolle Münze hebt durch die Abbildung der *Divi Parentes* nochmals die Adoption Hadrians durch Traian hervor. Nach anderer Auffassung wurde sie nicht, wie oben erwähnt, in den Jahren 134/138, sondern in den ersten Wochen der Regierung des Antoninus Pius geprägt und diente der Vorbereitung der Consecratio Hadrians.

Hadrian, aus der Kolonie Italica in Spanien, wurde als Waise von seinem Verwandten Traian erzogen und heiratete dessen Großnichte Sabina. Traian, durch eine schwere Krankheit gebrochen, adoptierte ihn nur auf Drängen seiner Gemahlin Plotina. Im Jahre 117 trat Hadrian die Regierung an. Er verzichtete auf die Eroberungspolitik seines Vorgängers und sicherte die bestehenden Grenzen. Jahrelang bereiste er – oft zu Fuss – alle seine Provinzen, inspizierte die Legionen, verbesserte die wirtschaftliche Lage seiner Untertanen durch eine Steuerreform und baute einen ausgezeichneten Beamtenapparat auf. Als Freund der Griechen hielt er sich gern in Athen auf und schmückte die Stadt reich mit prächtigen Bauten. Das bekannteste Bauwerk Hadrians in Rom ist das Mausoleum Hadriani, die Engelsburg. Kurz vor seinem Tod adoptierte er seinen Nachfolger Antoninus Pius.

HADRIANVS
AVG COS III P P

DIVIS PAREN
BVS

falls recht ansehnliche Münzreihen, von Otho (69 n. Chr.) dagegen nur Gold- und Silbermünzen, da sich der Senat vermutlich weigerte, Bronzemünzen dieses nur drei Monate regierenden Kaisers zu prägen. Nach den Kaisern des julisch-claudischen Hauses folgen die Flavier. Aus der Regierungszeit des Vespasian (69–79 n. Chr.) sind jene Münzen hervorzuheben, welche den durch seinen Sohn Titus geführten jüdischen Krieg und die Besiegung von Judäa feiern (67, 52). Auf Domitian (50) folgt die Regierung von Kaiser Nerva (96–98 n. Chr.), der sich durch seine soziale Aufgeschlossenheit auszeichnet, was sich auch auf seinen Münzen in der Darstellung wohltätiger Handlungen niederschlägt. Besonders schöne Prägungen hat uns Trajan (98–117 n. Chr.) geschenkt. Seine Münzen feiern die Siege über die Daker, Parther und Germanen, und er selbst heißt nach ihnen Dacicus, Parthicus und Germanicus (68). Aber auch seiner friedlichen Tätigkeit gedenken viele schöne Münzen, so des Forum Traiani, der Trajanssäule, der Basilica Ulpia und des Circus Maximus, für den Trajan große Summen spendete. Hadrian (117–138 n. Chr.), Trajans in letzter Stunde adoptierter Nachfolger, feiert auf seinen Münzen die großen Reisen, die er als fürsorglicher Herrscher durch sein ganzes Reich unternahm (70, 91). Unter ihm erscheinen erstmals in Vielzahl große, sorgfältig gearbeitete Medaillons. Schon zu ihrer Entstehungszeit nur wenigen verliehene Kaisergeschenke, sind sie heute Seltenheiten ersten Ranges. Sie waren nicht kursierendes Geld, wohl aber durchaus offizielle Gedenkstücke, die oft mit einem breiten Kupferring versehen waren (72, 250, 251). Die Münzen des Antoninus Pius (71) (138–161 n. Chr.) sind durch zahlreiche Stücke mit geographisch-historischen Darstellungen bemerkenswert. Unter ihm wurde die Feier des 900jährigen Bestehens der Stadt Rom (147 n. Chr.) durchgeführt, was Anlaß zur Prägung verschiedener Münzen gab. So erblicken wir die Wölfin mit Romulus und Remus (89) sowie Äneas, den Anchises rettend, seinen Sohn an der Hand. Unter der gemeinsamen Regierung des Marcus Aurelius und Lucius Verus (161–169 n. Chr.) erscheinen viele Münzen, die sich auf den kriegerischen Ruhm der beiden Herrscher beziehen (72, 74). Alle diese Kaiser haben auch ihre Gemahlinnen auf Münzen abbilden lassen. Commodus (180–192 n. Chr.) gefiel sich auf seinen Münzen als Herkules. Nach seiner Ermordung herrschten kurze Zeit die Kaiser Pertinax, Didius Julianus und Pescennius Niger (193–194 n. Chr.). Ich erwähne sie lediglich, weil wir auch von ihnen Münzen besitzen. (Eine der ersten Handlungen des neu ernannten Kaisers war es jeweils, Münzen mit seinem Bilde prägen zu lassen.) Septimius Severus (76) (193–211 n. Chr.) läßt erstmals seit der flavischen Periode wieder leibliche Söhne im Kaiserhaus aufwachsen, und so erscheint seine ganze Familie auf Münzen dargestellt: Julia Domna, seine Gattin (77), sowie die beiden Söhne Caracalla und Geta (78, 79, 80), die schon im jugendlichen Alter auf Münzen abgebildet werden. Die Sesterzen des Caracalla zeichnen sich durch großartige Porträts aus. Nach dem jungen Sonnenpriester-Kaiser Elagabalus (218–222 n. Chr.), der nicht nur sich selbst, sondern auch seine drei Gattinnen (Julia Paula, Aquilia Severa und Annia Faustina), seine Mutter (Julia Soaemias) und die Großmutter (Julia Maesa) auf Münzen verewigte, kommen wir zu Severus Alexander (222–235 n. Chr.), der besonders einige schöne Medaillons prägen ließ. Nach seiner Ermordung folgt wieder eine längere Periode der Verwirrung und der Bürgerkriege. Unter den Münzen dieser Zeit ragen besonders gute Bildnisse des Kaisers Maximinus (235–238 n. Chr.) und seines Sohnes Maximus hervor (81). Erst mit Gordianus III. (238–244 n. Chr.) kommt das Reich für einige Jahre zur Ruhe. Interessant sind die Münzen seines Nachfolgers Philippus I. (244–249 n. Chr.). Unter seiner Regierung wurde das tausendjährige Jubiläum der Stadtgründung Roms gefeiert. Wir finden auf diesen Münzen wie auch auf jenen seiner Gattin Otacilia Severa und seines Sohnes Philipp II. jene Tiere dargestellt, die anläßlich der Zirkusspiele in den großen Arenen kämpften, so Nilpferd (96), Löwe, Hirsch, Elefant usw. Auch die Wölfin mit Romulus und Remus wird wieder geprägt, wie im Jahre 146 n. Chr., also 100 Jahre früher, unter Antoninus Pius (89). Unter Traian Decius (249–251 n. Chr.), Gallus, Valerianus und Gallienus treten überall Gegenkaiser auf, die alle reichlich gemünzt haben und die sich im Besitze ihrer Länder namentlich gegen die Regierung des Gallienus (253–268 n. Chr.) behaupten konnten. Volle zehn Jahre regierte in Gallien Kaiser Postumus (258–268 n. Chr.), dessen sehr seltene Goldmünzen noch von vollendeter Schönheit sind. Aber auch seine Kleinmünzen zeigen oft lebensnahe Bilder (82). Der endgültige Zerfall des Reiches wurde durch das kräftige Auftreten des Claudius II. Gothicus (268–270 n. Chr.) und besonders des Aurelianus (270–275 n Chr.) verhindert. Aurelian ließ sich als Besieger der Gegenkaiser viel auf Münzen feiern. Die Beseitigung der gefährlichsten Gegner, der palmyrenischen Königin Zenobia und ihres zum Augustus proklamierten Sohnes Vabalathus, wurde ebenso auf Münzen verewigt. Nach den numismatisch sehr reichen Zwischenregierungen des Carus, Carinus und des Numerian (282–285 n. Chr.) folgt der mächtige Diocletian (284–304 n. Chr.), der mit dem als Mitregenten anerkannten Maximianus das Reich völlig reformierte und auch das Münzwesen neu ordnete (56). Von ihm stammt die Einführung fester, deutlich auf den Münzen genannter Prägestätten. Durch interessante Inschriften gezeichnete Münzen hat uns der in Britannien herrschende Kaiser Carausius (286–293 n. Chr.) hinterlassen. Sie tragen teilweise die Bezeichnung der Münzstätte London (Moneta Londiniensis). Durch den Sieg über Licinius war Konstantin der Große (308–337 n. Chr.) Alleinherrscher geworden (84). Seine überaus reiche Münzreihe ist ein Zeichen geordneter und ruhiger Verhältnisse. Auf seinen

Münzen treten die ersten offiziellen Denkmäler des Christentums auf, das Monogramm Christi, ein durch ein P überhöhtes X. Dieses Monogramm erscheint erstmals auf dem Helm des Kaisers, der uns bildlich erhalten ist. In diesem Zeichen steht im liegenden «Chi» das griechische «Rho». Es sind dies die beiden Anfangsbuchstaben **Ch** und **R** des Namens Christus (98). Auch Konstantin der Große regelte das Münzwesen neu und prägte, wie schon erwähnt, erstmals die neue, Solidus genannte Goldmünze. Sie bleibt fortan Jahrhunderte hindurch wesentlich unverändert. Daneben wurden größere Silbermünzen zu $^1/_{72}$ Pfund oder $^1/_{1000}$ Goldpfund geprägt, Miliarense genannt. Die neue Residenz

---

Theodosius II. 408–450. Solidus, Gold, aus der Münzstätte Konstantinopel, nach 425. Vorderseite, links: DN THEODO-SIVS P F AVG. Behelmte Büste mit Harnisch und geschultertem Speer von vorn, an der rechten Schulter Reiterdarstellung. Rückseite, rechts: SALVS REI-PVBLICAEI/ CONOB. Theodosius II. und sein Neffe Valentinian III., beide mit Nimbus und Trabea, nebeneinander auf Thron sitzend, jeder Stabkreuz und Mappa haltend. Oben ein Stern. Originalgröße: ∅ 19 mm.
Theodosius II. gelangte im Jahre 408 auf den byzantinischen Kaiserthron und blieb sein Leben lang unter der Leitung seiner Schwester Pulcheria und seiner Gemahlin Eudokia. Unter ihm entstand die Gesetzessammlung des Codex Theodosianus.

Iustinianus II. Erste Regierung 685–695. Solidus, Gold, geprägt 692–695 in der Münzstätte Konstantinopel, Vorderseite (unten). Büste des bärtigen, segnenden Christus mit Evangeliar vor Kreuz von vorn. Originalgröße: ∅ 18 mm.
Unter dem byzantinischen Kaiser Iustinian II. wurde erstmals das Bild des Heilands auf Münzen geprägt. Das war ein bedeutendes Ereignis in der byzantinischen Münzgeschichte. Wir dürfen sicher annehmen, daß diese Darstellung einem großen politischen, religions- und kulturgeschichtlichen Anlaß zu verdanken ist. Alle Numismatiker wissen, daß die Rückseitendarstellungen auf den Münzen der spätrömischen und byzantinischen Zeit immer eintöniger werden. Jede Neuerung fällt daher sofort auf. Iustinian II. war ein leidenschaftlicher, ja despotischer Herrscher. Die sinkende Moral in Klerus und Volk beunruhigte ihn, denn ihm lag viel an einer Hebung der Sitten in Byzanz. Viele Umstände mögen mitbestimmend gewesen sein, daß er gerade dieses Münzbild wählte. Bezeichnend vor allem ist die Tatsache, daß der Kaiser das Christusbild auf die Vorderseite der Münze setzte, auf jene Seite des Geldstückes also, die in jedem Falle dem Kaiser selbst vorbehalten war.

CONOB

des Kaisers, das alte Byzanz, das durch ihn zur zweiten Hauptstadt ernannte Konstantinopolis, wird auch auf seinen Münzen erwähnt. Für die alte und neue Hauptstadt wurden unter ihm Kupfermünzen geschlagen, die sein Bildnis nicht tragen. Die Münzen für Rom zeigen auf der Vorderseite den Kopf der Stadtgöttin (Urbs Roma) und rückseitig die Wölfin, jene für Konstantinopel den Kopf der neuen Stadtgöttin und auf der Rückseite die Victoria. Mit Konstantin dem Großen nimmt nun allerdings die gesamte Münzprägung einen noch einförmigeren Charakter an. Etwas Abwechslung in die Münzreihen bringen höchstens die figurenreichen, prunkvollen, aber äußerst seltenen Goldmedaillons. Seit der Mitte des 4. Jahrhunderts wird statt des IMP(erator) CAESAR vor dem Namen des Kaisers die Bezeichnung D. N. (DOMINUS NOSTER) wie auch P. F. (PIUS FELIX) gebräuchlich. Etwas Abwechslung in die eintönigen spätrömischen Münzen bringt Julianus Apostata (360–363 n. Chr.). Seit langem erscheint wieder ein Kaiser im Philosophenbart, der von Hadrian erstmals getragen wurde, auf den Münzen. Julianus II. wandte sich vom Christentum ab und ordnete die Wiedereinführung der Göttertempel an. Die Rückseiten vieler seiner Münzen rufen durch das Zurückgreifen auf ägyptische Götterdarstellungen großes Interesse hervor (85). Unter seinen Nachfolgern, von Jovian bis Theodosius dem Großen, stürmen die germanischen Stämme immer heftiger gegen das zerfallende römische Reich. Die Münzprägungen werden immer schematischer, und die großen, prächtigen goldenen Schaumünzen dienten wohl mehrheitlich als Ehrengaben für die feindlichen Häuptlinge. Im Jahre 392 n. Chr. erfolgte die Teilung des Reiches in das ost- und weströmische durch die Söhne Theodosius' des Großen (58), Arcadius und Honorius. Hier beendet in der Regel der Sammler seine Reihe römischer Kaisermünzen. Andere gehen bis zum letzten weströmischen Kaiser Romulus Augustulus (475–476 n. Chr.). Die Trennung des Reiches macht sich auf den Münzen vorerst nicht bemerkbar, denn mit dem Bilde des oströmischen Kaisers wird auch in den Münzstätten des Westreiches geprägt und umgekehrt. Sie unterscheiden sich weder in den Typen noch im Stil.

Münzen der Völkerwanderungszeit (Tafel 9)
Die Prägungen der germanischen Staaten der Völkerwanderung haben sich stufenweise aus der römischen entwickelt. Es sind vorerst die Sueven, die uns die ältesten bestimmbaren Münzen dieser Reihe hinterlassen haben. Sie überschritten im Jahre 406 den Rhein und drei Jahre später die Pyrenäen, wo sie vom äußersten Westen der Iberischen Halbinsel Besitz nahmen. Münzen besitzen wir auch von Odoaker, der den letzten weströmischen Kaiser Romulus besiegte. Andere Denkmäler deutscher Herrscher der spätrömischen Kaiserzeit sind die Gepräge der Ostgoten und Vandalen (Abb. 22). Unter der Führung des großen Ostgotenkönigs

Abb. 22. Oben: AR-½-Siliqua des Totila. König der Ostgoten (541–552). Unten: AR-¼-Siliqua des Gelimer, König der Vandalen (530–534).

Theoderich (493–526), der dem Odoaker Herrschaft und Leben nahm, wurden Münzen geprägt, die sich von denen des byzantinischen Kaisers Anastasius nur durch die Beifügung seines Monogrammes unterscheiden (110, 111). Theodahatus (534–536) prägte in Rom größere Kupfermünzen, die sich durch die Aufschrift als nationale Denkmäler der ostgotischen Herrschaft auszeichnen. Merkwürdigerweise tragen diese Gepräge auf der Rückseite das auf den früheren römischen Bronzemünzen erschienene S. C.
Die Weggenossen der Ostgoten, die Vandalen, sind erst nach der Besetzung des nordafrikanischen Küstenlandes (428–439) zu eigenen Münzen gelangt. In Karthago herrschte 484–496 König Gunthamund, der uns beschriftete Münzen hinterlassen hat.
Die fränkischen Merowinger in Gallien begannen ihre Münzprägung mit kleinen Goldmünzen byzantinischen Charakters, die aber lediglich durch verschiedene Buchstaben im Felde ihren wahren Ursprung angeben.
Der berühmte westgotische König Alarich hat uns keine Münzen hinterlassen. Amalarich (507–531) hat nach dem Übertritt der Westgoten nach Gallien und Spanien Goldmünzen prägen lassen. Auch diese Stücke unterscheiden sich von den byzantinischen Münzen nur durch ein kleines Monogramm.

Byzantinische Münzen (Tafel 9)
Die byzantinischen Münzen reiht man in der Regel den römischen an, da sie vorerst den gleichen Münzfuß und auch das gleiche Gepräge beibehalten. Die lange Reihe der byzantinischen Kaisermünzen beginnt mit Anastasius (491–518), dessen Kupfermünzreform aus dem Jahre 498 wegleitend war. Er führte in Form des byzantinischen Follis eine neue Kupfermünze ein, die auf der Rückseite mit Zahlenbuchstaben bezeichnet wurde (M, K und I für Stücke im Wert von 40, 20 und 10 Nummi). Die Goldstücke (Solidi) wurden nach wie vor nach dem Münzfuß Kaiser Kon-

(Fortsetzung S. 42)

Basil II. und Constantin VIII. 976–1025. Histamenon, Gold, aus der Münzstätte Konstantinopel. Vorderseite, links oben: nimbierte Christusbüste mit Evangeliar von vorn. Rückseite, rechts oben: die gekrönten Büsten von Basil II. (links) und Constantin VIII. (rechts) in Chlamys, zusammen ein Patriarchenkreuz haltend.
Die prachtvolle Christusbüste auf dieser Münze stammt aus der Hand eines besonders begabten Stempelschneiders. Originalgröße: ∅ 22 mm.
Am 10. Januar des Jahres 976 bestieg eine der machtvollsten Gestalten der byzantinischen Geschichte den Kaiserthron: Basileios II., Sohn des Romanos und der Theophano. Sein Mitkaiser war Constantin VIII. Mit achtzehn Jahren begann er seine ungeteilte Herrschaft, die ein halbes Jahrhundert dauerte. Ungemach aber bedrängte ihn von allen Seiten. Die Bulgaren standen damals auf dem Höhepunkt ihrer Macht und bedrängten das Reich unentwegt von Ost und West. Basil unterdrückte den Aufstand, eroberte Armenien von den Sarazenen zurück und vernichtete in unbarmherzigem dreißigjährigem Ringen die Macht der Bulgaren. Nach seinem Sieg im Jahre 1014 ließ er 15 000 Gefangene blenden, jeder hundertste durfte ein Auge behalten, damit er die tragische Schar zu Samuel, dem Bulgarenzar, zurückführen konnte. Wahrscheinlich eher aus Entsetzen als aus Bewunderung gaben ihm die Griechen den Beinamen Bulgaroktonos, «Bulgarentöter». Trotz dieser Feldzüge fand er die Zeit, gegen diejenigen Krieg zu führen, «die sich auf Kosten der Armen bereichern». Er wollte gerade an der Spitze einer Armada gegen die Sarazenen in Sizilien ziehen, als der Tod ihn in seinem achtundsechzigsten Lebensjahr überraschte.

Manuel I. Comnenus. 1143–1180. Hyperperon, Gold, aus der Münzstätte Konstantinopel. Vorderseite, links unten: Büste des jugendlichen, nimbierten Christus mit Evangeliar von vorn. Rückseite, rechts unten: der stehende Kaiser in verzierter Chlamys von vorn, in der Linken Globus mit griechischem Kreuz, in der Rechten Zepter. Oben die Hand Gottes, den Kaiser krönend. Originalgröße: ∅ 31 mm.
Manuel I. war zeit seiner Regierung in Kriege nach allen Seiten verwikkelt. Im Felde war er kühn und tapfer, sonst aber stolz, sittenlos und eigenmächtig. Seine erste Gemahlin war die sittsame und fromme Bertha von Salzbach, eine Schwägerin des deutschen Kaisers Conrad III. Sie nahm nach der Vermählung den Namen Irene an. Die zweite Gattin war die ebenso schöne wie leichtfertige Maria, Tochter des französischen Fürsten Raymund von Antiochia.

stantins ausgeprägt. Bald erscheint auf den Münzen der charakteristische byzantinische Stil. Historische Ereignisse werden nicht mehr erwähnt, und die Rückseiten beschränken sich auf die Verkörperung von Ruhm und Sieg. Aber auch die Porträtkunst bleibt einförmig und schematisch. So hat sich bezeichnenderweise die erste große Blütezeit der byzantinischen Kunst im 6. Jahrhundert, die uns in den prächtigen Bauten und Mosaiken entgegentritt, auf den Münzen nicht ausgewirkt. Eine Neuerung bringt lediglich Iustinianus II. (685–695, 705–711): er setzt erstmals das Christusbild auf sein Geld. Um 850 führte die Regentin Theodora den Bilderdienst wieder ein und setzte Christus, die Muttergottes und später auch die Heiligen auf ihre Münzen (117). Die dargestellten Figuren bleiben aber nach wie vor steif und leblos. Später kommt es zu einer gewissen Abwechslung, und der sich entwickelnde stark dekorative Zug wirkt sich auf den Münzbildern vorteilhaft aus. Seit der Mitte des 11. Jahrhunderts wurden eigenartige, stark gewölbte, schüsselförmige Münzen geprägt. Sie werden als Histamenon, Hyperperon und Trachy bezeichnet. Durch die starke Wölbung des Schrötlings wurde aber das Bild nicht besser (119). Bestanden diese Münzen ursprünglich aus gutem Gold, so sanken sie bald zum Elektron und vom Silber zum Billon herab. Im Jahre 1204 brach als Ziel des vierten Kreuzzuges das Reich zusammen. Die Münzprägungen von Byzanz kamen so zu einem ersten Ende. Die Fortsetzung erfolgte in den neugegründeten Teilstaaten (Thessalonica, Trapezunt, Nicaea). Mit dem letzten christlichen Münzherrn von Byzanz, Johannes VIII. Paleologus (1423–1448), endet die lange Reihe der byzantinischen Münzen.

Die Münzen des Mittelalters (Tafeln 10–12)

Wie jede andere Kunst erlebt auch die Münze ihre Zeiten der Blüte und des Zerfalls. An Schönheit kann sich die Münzkunst des aufsteigenden Mittelalters nicht mit jener des klassischen Altertums messen. Wohl aus diesen Gründen hat auch die Erforschung mittelalterlicher Prägungen relativ spät eingesetzt. Nur der Kenner weiß, wie viele Schwierigkeiten einer Untersuchung und Bestimmung dieser Münzen entgegenstehen. Ein auch nur halbwegs vollständiges Bild mittelalterlicher Prägungen der verschiedenen Länder zu geben wäre nur mit Hilfe einer großen Anzahl von Abbildungen möglich. In diesem Bändchen können daher nur wenige typische Münzen dieser Epoche erwähnt werden.

Die frühesten mittelalterlichen Prägungen lehnen sich mehr oder weniger an die Münzen der römischen Kaiserzeit an. Ihre Sprache bleibt lateinisch, viele Darstellungen werden den römischen Kaisermünzen entnommen. Der Geldumlauf war damals relativ klein, der direkte Tauschhandel bedeutend wichtiger. Größere Beträge wurden auch in ungemünztem Metall bezahlt.

Die Karolinger beherrschten schon seit Ende des 7. Jahrhunderts das merowingische Reich. Für den größten Teil Europas war damals die Münzordnung Karls des Großen (768–814) maßgebend (120). Sie teilte das Pfund Silber von rund 367 Gramm in 20 Schillinge zu 240 Pfennigen (Denarii). Der Schilling ist aber nicht als eigentliche Münze zu verstehen, sondern als Gewichtseinheit. Er wurde erst im 13. Jahrhundert erstmals in Tours (Frankreich) geprägt und ist als Turnosgroschen bekannt. Die Münzen Karls des Großen haben uns das Bildnis des großen Kaisers aufbewahrt. Nach seiner Krönung im Jahre 800 wurden Münzen geschlagen, die sich an die römischen Kaisermünzen anlehnen. Sie tragen die Inschrift KAROLVS IMP. AVG. Auf einigen Stücken führt er auch den Titel eines «patricius Romanorum». Ludwig II. prägt dann als Erbe Ostfrankens wahrscheinlich die ersten wirklich deutschen Münzen. Sie sind allerdings sehr selten. In Italien münzten die langobardischen Herrscher, so König Desiderius (736–774), der Schwiegervater Karls des Großen. König Heinrich I. (919–936), der mächtigste Stammesfürst der Sachsen, hat in Metz, Verdun und Mainz Denare ohne sein Brustbild prägen lassen.

In Deutschland wurde während der Zeit der sächsischen und fränkisch-salischen Kaiser nach wie vor nur eine einzige Münzsorte ausgeprägt, der Denar oder Pfennig. Das Halbstück davon (Hälbling oder Obol) wurde bedeutend seltener geschlagen. Das Münzrecht war damals eines der Vorrechte des Königs. Der Grund des allgemeinen Münzzerfalls im Mittelalter war aber weitgehend eine Folge der Verleihung oder Verpfändung des begehrten Münzrechtes an Mark- und Pfalzgrafen, Äbte und Bischöfe. Fast alle Münzherren suchten aus ihrem Privileg einen möglichst hohen Gewinn zu erzielen. Die über 100 Münzstätten zur Zeit der salischen Kaiser in Deutschland gaben meist Münzen heraus, die in Gewicht und Aussehen voneinander so verschieden waren, daß sie nur noch in ihren Ursprungsgebieten zur Zahlung angenommen wurden. Daraus entwickelte sich im Laufe der Zeit ein Münzchaos. Nicht genug, es entstanden nun auch verschiedene Münzfüße, die Qualität des Münzmetalls verschlechterte sich zusehends, so daß man für größere Transaktionen Barrensilber statt Münzen bevorzugte.

In Österreich wurden die ersten Pfennige im Jahre 1130 in den Münzstätten der Babenberger in Krems geschlagen (127). Knapp vor dem Jahre 1200 erschienen die ersten Wiener-Pfennige (129), dann folgten jene von Friesach und Graz (128). Im Süden des Landes, in Meran, wurde um 1305 erstmals eine etwas größere Münze ausgeprägt, Kreuzer, auch Adlergroschen oder Zwanziger genannt. In Polen begann die Münzprägung mit Mesico I. (956–992), in Rußland wurden die ersten und ältesten Stücke von Wladimir geschlagen. In der Schweiz trennt sich der deutsche Teil scharf vom romanischen ab. Die Bischöfe von Lausanne münzten mit

ihrem Namen, in Genf hat man im 11. Jahrhundert Denare mit St.Petrus geprägt.
Doch zurück zu Deutschland. Die Zeit des Hohenstaufen Friedrich Barbarossa (1152–1190) änderte am Zerfall des Münzwesens nichts. Der Denar war nun so unansehnlich und dünn geworden, daß eine saubere zweiseitige Prägung kaum mehr möglich war. In diesen Tagen des münztechnischen Tiefstandes erinnerten sich die Münzmeister der alten, nie erloschenen Technik der Hohlprägung. Die neuen Pfennige, Hohlpfennige oder Brakteaten genannt, wurden blattdünn aus Silberblech geprägt. Sie konnten dem Bildschmuck eine weit größere Fläche bieten als die früheren Münzen. Angesichts dieser papierdünnen Silbermünzen muß man sich allerdings fragen, wie sie ihren Zweck als Zahlungsmittel überhaupt erfüllen konnten. Doch wie schon erwähnt, herrschte damals weitgehend Naturalwirtschaft, und der Geldumlauf war nicht sehr bedeutend. Zudem wurden die Münzen in Holz- und Hornkapseln aufbewahrt, vom Münzherrn recht fleißig wieder eingezogen und 9 neue gegen 12 alte Pfennige eingetauscht. Unter diesen Hohlpfennigen finden sich prachtvolle Stücke, die von den Sammlern mittelalterlicher Münzen sehr geschätzt sind. Je nach der Darstellung werden diese neuen Münzen auch Moritzpfennig, Reiter-, Adler- und Falkenpfennig oder Stephanspfennig genannt (124, 126). Sie zeigen in reicher Abwechslung den prägenden Münzherrn im Brustbild oder in ganzer Person, oft zu Pferd (126), ferner Kaiser und Kaiserin, ebenso Darstellungen von Tieren (130, 200, 201), Burgen, Türmen und Bogen (125), oft auch von bestimmten Ereignissen, wie die Steinigung des hl. Stephanus auf einem Hohlpfennig von Halberstadt (124). Die schönsten und künstlerisch wertvollsten Brakteaten wurden im mitteldeutschen Raum geprägt. In der deutschen Schweiz erscheinen eigenartigerweise oft fast viereckige Brakteaten, während sie im französischen Teil fast ganz fehlen. Es ist merkwürdig, daß Österreich an der Prägung dieser Münzen kaum Anteil nimmt. Nach und nach aber zerfällt auch die Kunst der Hohlpfennige, zurück bleiben nur kleine, knopfähnliche Plättchen.
Große Beliebtheit haben bei den Münzsammlern die in Brindisi und Messina geschlagenen Goldmünzen Kaiser Friedrichs II. von Hohenstaufen (1211–1250) erlangt. Die Gepräge dieses der klassischen Kunst und Bildung ergebenen Herrschers werden Augustalis (und Halbaugustalis) genannt (143). Die Münzen lehnen sich der Darstellung nach ganz an die Prägungen der römischen Kaiser an und tragen die Aufschrift CAESAR. AVG. IMP. ROM. Die Rückseite zeigt einen Adler mit der Inschrift FRIDERICVS. Eine ähnliche Münze, Regalis genannt, wurde von Karl von Anjou, König von Neapel, Bruder Ludwigs des Heiligen, geprägt.
Die Prägungen des 13. Jahrhunderts zeichnen sich durch eine große Anzahl von Goldmünzen aus. Nicht lange nach dem Tode Friedrichs II.

prägte das aufstrebende Florenz eigene Goldmünzen. Sie wurden nach ihrem Bild, dem Lilienwappen der Stadt, Florene genannt. Dieser Münztypus wurde in vielen Ländern nachgeahmt (144), und die in großer Zahl geschlagenen Münzen erlangten im Handelsverkehr Mitteleuropas große Bedeutung. Venedig folgte dem Beispiel von Florenz und prägte im Jahre 1284 die ersten goldenen Dukaten. Diese Münzen tragen das Christusbild und die Belehnung des Dogen durch den heiligen Markus (152). Sie wurden auch Zecchinen genannt und erlangten wie die Florene Weltruf. Der Floren eroberte das Abendland, der Dukaten den Osten.

In Deutschland begann sich das Münzwesen im Laufe des 13. Jahrhunderts grundlegend zu verändern. Erstmals wurde eine größere Münze, der Groschen, geprägt. Große Bedeutung erlangte auch der schon erwähnte, in Tours geschlagene Turnosgroschen (134). Aus der Mark wurden 58 Stück geprägt. Deutschland entwickelte bald eigene Groschentypen, die z. T. auch das Brustbild des Prägeherrn zeigen. In Böhmen erschienen unter Wenzel II. die sogenannten Prager Groschen. Im 14. Jahrhundert schlugen die Landgrafen von Thüringen und die Markgrafen von Meißen Groschen aus ihren erzgebirgischen Silbergruben. Doch auch die Goldprägung ist überaus reich. Viele bestehende Münzen wurden von andern Staaten getreulich nachgeahmt, so die französischen Turnosen und die Nobel der englischen Könige. Der Stempelschnitt der Münzen wandelt sich langsam und zeigt nun menschliche Figuren, Heilige, thronende Herrscher und Wappen in großer Zierlichkeit: die Gotik tritt ihren Siegeszug auch auf der Münze an. Die oft recht beträchtliche Größe dieser Münzen ermöglichte reiche Darstellungen. In Frankreich schlug man den «Mouton», eine prächtige Goldmünze mit dem Gotteslamm (147), die «Chaise d'or» mit dem thronenden König. Noch größer wurden die englischen Goldstücke ausgeprägt. Unter Edward III. (1327–1377) wurden in Erinnerung an den Seesieg von Sluys, der am 22. Juli 1340 über die Franzosen erfochten wurde, die ersten goldenen «Nobel» mit dem Königsschiff geprägt (150). Das Gegenstück dazu, prächtige Zeugnisse der Wirtschaftsblüte Flanderns, finden wir im «Heaume d'or» der letzten Grafen von Flandern (146).

In Deutschland sind es die rheinischen Kurfürsten, die erstmals den rheinischen Gulden prägen (148, 149).

Die Prägungen des 15. Jahrhunderts zeigen vorerst keine durchgreifenden Änderungen. Die erwähnten Goldmünzen kamen als Handelsgeld nach ganz Europa und waren besonders auch in Deutschland während langer Zeit im Gebrauch. In der Schweiz werden erstmals groschenförmige Münzen geprägt, später die «Dicken».

Während die Gotik auf den Münzen Triumphe feiert, erlebt Italien eine Wiedergeburt antiker Schöpferkraft. Mailand ging voran, wo Francesco Sforza Dukaten und Lire mit seinem Brustbild prägen ließ. Auf diesen schönen Münzen vereinigen sich Gotik und Renaissance in eigenartiger Weise. Die Prägungen seines Sohnes Galeazzo Maria, der nach dem Tode seines Vaters im Jahre 1466 aus den Diensten König Ludwigs XI. von Frankreich nach Mailand heimkehrte, sind herrliche Porträtmünzen. Die Testone, auch von Frankreichs Königen geprägt, zählen zu den allerschönsten Erzeugnissen der Münzkunst des ausgehenden Mittelalters (136, 139).

Die Münzprägungen der Neuzeit (Tafeln 13–17, 19 und 20)
Für den Numismatiker beginnt die Neuzeit um das Jahr 1500. An der Wende des Mittelalters zur Neuzeit vollzieht sich in Österreich eine numismatische Großtat: die Schaffung der ersten großen Silbermünze. Im Zeichen gesteigerten geldwirtschaftlichen Verkehrs war schon längst das Bedürfnis für eine größere Silbermünze vorhanden. Das neue Geldstück, erstmals 1484 von Sigismund von Tirol geprägt, erhielt nach seinem Gewicht von einer damaligen Unze den Namen «Uncialis», volkstümlich Guldiner oder Guldengroschen genannt (141, 142). Die Weiterentwicklung führt über Sachsen und das böhmische Silberbergwerk Joachimstal der Grafen von Schlick schließlich zum Namen «Taler». Diese große prächtige Silbermünze eroberte die ganze Welt. In Skandinavien heißt sie Rigsdaler, die Engländer übernehmen sie als Crown, die Franzosen als Ecu, die Italiener als Tallero oder Scudo, die Spanier als Peso, die Russen als Rubel und schließlich die Amerikaner als Dollar. Im ausgehenden 18. Jahrhundert kommt die so beliebte Silbermünze auch in den Fernen Osten.
Schon 1493/94 wurden die ersten Bernertaler (198) geschlagen. Es folgten Sitten (1498), Solothurn und die drei Waldstätten. Im Jahre 1512 auch Zürich. Zu den prächtigsten frühesten Talergeprägen gehören zweifellos die Münzen Kaiser Maximilians I. (1493–1519) sowie jene der geistlichen Herren im südlichen Österreich. Hier ragt besonders die Münzprägung des damaligen Erzbischofs von Salzburg, Matthäus Lang von Wellenburg (1519–1540), hervor (153, 156).
Die Stempelschneider der damaligen Zeit haben großartige Leistungen vollbracht. Das Entscheidende an diesen neuen, großen Münzen war der Umstand, daß sie nicht nach alten, schon bestehenden Vorbildern geschaffen wurden. Jeder Münzherr war bestrebt, neue Darstellungen auf die Münzen prägen zu lassen. Bildnistaler von unverwelklichem Zauber haben uns das Römisch-Deutsche Reich und Österreich hinterlassen. Der Maria-Theresia-Taler aus dem Jahre 1780, eine der bekanntesten Münzen, wurde für den österreichischen Levantehandel geprägt und erreichte eine Auflage von rund 300 Millionen Stück. Bis heute wird die Münze in Wien mit den ursprünglichen, aber neu geschnittenen Stempeln immer wieder nachgeprägt (161).

Geschlagen wurden auch Doppeltaler, besonders von den deutschen Fürsten (183, 184), in Braunschweig sogar noch schwerere. Seit dem 17. Jahrhundert treten auf den Talern oft prachtvoll gestaltete Städtebilder auf (160).
Neben den Talern gab es natürlich auch eine Unzahl kleinerer Münzen. Das Kleingeld wurde aber oft unterwertig ausgeprägt, und während des Dreißigjährigen Krieges erschienen die «Kipper-» und «Wippergroschen», die eine richtige Inflation auslösten (174). Erst im Jahre 1690 beschloß man in Deutschland, die Bruchteile des Talers nach neuen Grundsätzen zu prägen. So wurden aus der feinen Mark Silber neue Kleinmünzen geschlagen. Der Silbergulden ($^2/_3$ Taler) war damals die wichtigste Silbermünze. Im 17. Jahrhundert begann die Prägung von Kupfermünzen, die es im Mittelalter nicht gab. Zur beherrschenden Goldmünze wurde der Dukaten, von dem auch Doppelstücke und noch größere Einheiten geprägt wurden. Münzen bis zu 10 Dukaten waren keine Seltenheit. Sicher hatten unsere Vorfahren an diesen großen, prächtigen Münzen Freude. Sie sind eigentlich nicht zur Zirkulation geschaffen worden, sonder dienten vor allem als Geschenkstücke.
Unter den zahllosen neuzeitlichen Prägungen hebe ich nachstehend einige besonders schöne und interessante Typen hervor:
Von großer Schönheit sind die zahlreichen Gold- und Silbermünzen der Päpste. Treffliche Porträtdarstellungen finden wir in der zweiten Hälfte des 16. Jahrhunderts in Frankreich und England. Zu den interessantesten zählen die Testone Franz' II. (1559–1560) mit den einander gegenübergestellten Porträts des jugendlichen Königs und der Maria Stuart. Auch das Bild der großen Königin Elizabeth I. (1558–1603) und dasjenige des Oliver Cromwell (1649–1660) erscheinen auf vielen, gut gearbeiteten Münzen (172, 185). Wallenstein liebte für seine Münzbilder die Darstellung seines ausdrucksvollen Brustbildes von vorn. Erstklassige Stempelschneider haben die zum Teil sehr seltenen Münzen des Großen Kurfürsten von Brandenburg Friedrich Wilhelm (1640–1688) geschaffen (158). Die Münzen Friedrichs II. des Großen zeigen neben dem jugendlichen Bildnis auch viele mit dem gealterten Porträt des Königs (159). In allen europäischen Ländern finden wir Porträtmünzen fast sämtlicher Herrscher in großer Zahl. Die Goldmünzen nennt man oft nach dem Namen des Münzherrn (Louis d'or, Napoléon d'or, Friedrich d'or usw.).
Schweden hat seinerzeit von Christine bis Adolf Friedrich eine eigenartige Münzsorte in Form großer viereckiger Kupferplatten herausgegeben. England war das klassische Land der sogenannten «Tokens» (Privatmünzen). In Venedig prägte man ab 1521 die schönen silbernen Osellen (178). Die Osella ist eine venezianische Silbermünze von ungefähr 9,5 Gramm Gewicht. Im Mittelalter leistete der Doge dem Adel alljährlich ein Geschenk in Form eines Vogels (Geflügel). Daher der Münzname, der

Abb. 23. Kanton Bern.
AU-Doppeldublone 1796.

sich von «uccello» = Vogel ableitet. Vom Jahre 1521 an wurde das Naturalgeschenk durch die Münze ersetzt. In der Schweiz ist das Münzrecht bis 1848 Sache der Kantone. Auf den Talern des 18. und 19. Jahrhunderts treten daher meist die Kantonswappen auf. Gold wurde reichlich gemünzt, meist Dukaten, im 18. Jahrhundert auch die Dublonen und Doppeldublonen (Abb. 23). Im 19. Jahrhundert erscheinen große goldene Kurantmünzen, in Frankreich, Österreich und England die 100-Francs-, 100-Schilling- und 5-Pound-Stücke (Tafel 19).
Silbermünzen, besonders die schönen großen Taler, sind heute nur noch eine wehmütige Erinnerung an längst vergangene Tage. Die alten klassischen Münzmetalle Gold und Silber wurden in den meisten Staaten durch unedle Metalle, wie Nickel und Aluminium, ersetzt. Die Edelmetalle werden mehr und mehr von der Banknote verdrängt. Unter den neuzeitlichen Prägungen sind neben den begehrten Goldmünzen die Taler auch heute noch die beliebtesten Sammelobjekte.
Amerika, Afrika, Naher und Ferner Osten. König Jakob I. von England verlieh 1606 der nordamerikanischen Kolonie Virginia das Münzrecht, von dem indessen kein Gebrauch gemacht wurde. Erst ein Menschenalter später sind für Maryland die ersten Münzen geschlagen worden. Zur Zeit der Unabhängigkeitserklärung, am 4. Juli 1776, wurde in den USA Papiergeld herausgegeben. Nur gewisse Staaten entschlossen sich zur Münzprägung, so Connecticut, Massachusetts und New York. Dargestellt wurde meist die Freiheitsgöttin. Die ältesten in Amerika auf Kongreßbeschluß geprägten Münzen sind die kupfernen Fugios des Jahres 1787 mit der von 13 Ringen umschlossenen Inschrift «We are one». Erst Anfang 1792 erschien das grundlegende Münzgesetz, das die Prägung von goldenen 10-, 5- und $2\frac{1}{2}$-Dollar-Stücken sowie die entsprechenden Silbermünzen von 1 Dollar hinab bis zum halben Cent festlegte. 1850 wurde das goldene 20-Dollar-Stück an die Spitze gestellt und 1873 die Goldwährung nach deutschem Muster übernommen.

Nachdem die kleineren Gebiete Mittelamerikas 1821 aus der spanischen Herrschaft entlassen wurden, prägten auch sie eigene Münzen. Andere Wieder, wie Costarica z. B., münzten altspanische Motive fort. Brasilien prägte zur Zeit der Bundesgemeinschaft mangels eigenen Silbers kleine Gegenstempel auf spanische Pesos. 1849 ging das Land zur Goldwährung über.

In Afrika wurden größtenteils die Kolonialmünzen der betreffenden Länder benutzt. Der Geldumlauf war aber äußerst gering. Metall-, Stein- und Muschelgeld in allen möglichen Formen war bis in die jüngste Zeit vorherrschend.

Die Münzgeschichte der Araber beginnt mit der Nachahmung byzantinischer Typen. Der älteste Dinar aus dem Jahre 696/97 n. Chr. weist nur arabische Inschriften auf. Das Gewicht von 4,25 Gramm entspricht dem byzantinischen Solidus. Die Inschriften lauten: «Es gibt keine Gottheit außer Gott allein. Er hat keine Genossen.» Oder: «Mohammed ist der Prophet, den Allah gesandt hat mit der rechten Leitung und der wahren Religion, damit er sie erhebe über die Religionen insgesamt.» Die Fatimiden als Schiiten erwähnen in der Randschrift der Vorderseite Ali als «Freund Gottes».

In ganz Vorderasien war durch die Mongolenverwüstung mit dem Niedergang der Länder auch das Münzwesen in argen Zerfall gekom-

Abb. 24. China. Handspatenförmiges Kupfergeld der Dynastie Tschou (1050–256 v. Chr.), sogenannter Pu.

men. Erst in den beiden großen Hauptreichen, die sich allmählich bildeten (Türkei, Persien), entwickelte sich im Laufe der Zeit wieder eine geregelte Münzprägung. Die islamischen Herrscher von Indien prägten Goldmünzen in großer Zahl, so die Patankönige von Delhi (1206–1554) und die Großmogule von Hindustan. China hat über zwei Jahrtausende hindurch und bis in die neuste Zeit gegossene runde Kupfermünzen herausgegeben (Käsch). Sie entwickelten sich aus den ursprünglichen, höchst eigenartigen Münzformen, die kleinen Schwertern, Spaten und Kleidern glichen (Abb. 24). Diese «Pu»-Münzen sind sehr alt, sie gehen vermutlich bis ins 3. Jahrtausend vor Christus zurück. Doch handelte es sich keineswegs um Kurantmünzen, wie dies bei den ersten Prägungen im alten Griechenland der Fall war. Silber kam im alten China nur in schuh- und schifförmigen Barren in den Handel. Man zahlte hauptsächlich mit Silbermünzen fremder Länder, die man mit entsprechenden Gegenstempeln versah. Japan scheint erst viel später eigene Münzen herausgegeben zu haben, zuerst wohl im 16. Jahrhundert. Die alten Goldmünzen (Obangs und Kobans) sind sehr dünn geschlagen und von ovaler Form. Ihre Größe reicht von 45–140 mm. Sie tragen den Stempel und bisweilen die Unterschrift des betreffenden Münzmeisters. Nepal prägte winzige einseitige Silbermünzchen, während Siam die kugelförmigen, mit einem Wertstempel versehenen Tikals ausgab (Abb. 25).

Ein kleines Kapitel Schweizer Münzgeschichte (Tafel 18)
In der Schweiz waren die Anfänge des Münzwesens ähnlich beschaffen wie in Deutschland. Auch hier wurde das Münzrecht der Könige an Bischöfe, Äbte, Stifte, Klöster und Städte vergeben oder verpfändet. Man wollte aber schon verhältnismäßig früh vereinheitlichen, denn die Schweiz litt während Jahrhunderten unter dem Übelstand der kantonalen, regionalen und lokalen Münzhoheit. Der Dreißigjährige Krieg brachte zudem eine geradezu unbeschreibliche Vielfalt an Münzsorten und Tarifen. Dazu wurde das Land von Unmengen fremdländischer Münzen förmlich überschwemmt. Es ist überliefert, daß damals mehr als 50 weltliche und geistliche Herren, Obrigkeiten, Kantone und Städte an die 700 verschiedene Münzsorten in den Verkehr brachten. Alle diese Münzen waren aber nicht nur nach Namen, sondern auch nach der Geltung verschieden.
Nach vielen Jahren schlossen 1826 die sogenannten «westlichen» Kantone (Aargau, Basel, Bern, Freiburg, Solothurn, Waadt) ein Konkordat. Ihre Münzen zeigen auf der Vorderseite das Wappen des Konkordatskantons, auf der Rückseite das Schweizer Kreuz, in dessen Mitte ein «C» (207). Allein die neue Regelung war nicht durchgreifend.
Schon im Jahre 1832 entwarf die Tagsatzung eine Bundesverfassung, die u. a. auch das Münzwesen neu regeln sollte. Sie wurde nicht ange-

nommen. Um dem Leser einen kleinen Begriff der damaligen Münzmisere zu vermitteln, folgen hier einige Beispiele der damals kursierenden Münzsorten:
Schaffhausen, Thurgau, St.Gallen und Appenzell: Reichsgulden zu 60 Kreuzern zu 4 Pfennigen zu 2 Hellern.
Zürich: Zürchergulden zu 40 Schillingen.
Graubünden: Bündnergulden zu 70 Blutzgern oder 60 Kreuzern oder 15 Batzen zu 4 Kreuzern.
Glarus: Glarnergulden zu 50 Schillingen zu 3 Rappen oder 6 Angstern.
Tessin: Lira zu 12 Soldi zu 12 Denari.
Neuenburg: Livre zu 20 Sous zu 12 Deniers.
Wallis, Waadt, Freiburg, Bern, Solothurn, Aargau und Basel: Schweizer Franken zu 10 Batzen zu 10 Rappen.
Erst die neue Bundesverfassung vom 12. 9. 1848 brachte Ordnung in das Chaos. Das Münzrecht fiel der Bundesregierung zu.

Medaillen (Tafel 21)
Medaillen sind nicht kursierendes Geld, sondern Gedenkstücke und dienen dem Gedächtnis an eine Begebenheit oder an eine Person. In einer Sammlung sind sie daher streng von den eigentlichen Münzen zu trennen. Sie unterscheiden sich meist durch höheres Relief und feinere Ausführung. Der Begründer der Medaillenkunst war Vittore Pisano (1380–1455). Er formte die Stücke vorerst in Wachs oder Ton und goß sie in Bronze und Blei (243). Später kam auch die vergessene Kunst des Prägens wieder zur Entfaltung. Die berühmten Medaillen der Renaissancezeit sind prächtige Kunstwerke und mit den heutigen Massenprodukten nicht zu vergleichen.

Technischer Teil

Begriff der Münze

Unter einer Münze versteht man das Metallgeld, dessen Gewicht oder Feingehalt der Staat durch Bild und Schrift verbürgt.

Münzmetalle

Die drei wichtigsten Münzmetalle sind Gold, Silber und Kupfer sowie Legierungen dieser Metalle. Gold ist seit der Zeit des lydischen Königs Croesus (546–516 v. Chr.) bis heute ununterbrochen Münzmetall geblieben. Dasselbe gilt auch für Silber. Kupfer wurde als Messing oder Bronze legiert, aber auch als reines Metall vermünzt. Platin fand lediglich in Rußland im 19. Jahrhundert während kurzer Zeit als Münzmetall Verwendung. Eisen, Zinn, Zink und Blei sind als Münzmetalle Ausnahmen, dagegen war Billon, ein Gemisch von Kupfer, Zinn, Blei und Silber, im 3. Jahrhundert v. Chr. ein wichtiges Münzmetall. Nickel und Aluminium werden heute von vielen Staaten für die Scheidemünzen ausgeprägt.

Form und Größe der Münzen

Die flache runde Scheibe ist die wichtigste und am meisten verwendete Münzform. Sie wurde schon bei den alten Griechen, allerdings mit hohem Relief und auf dickem Schrötling, angewendet. Viereckige Münzen bilden die Ausnahme. In der Schweiz wurden fast viereckige Brakteaten geschlagen; unter dem Namen «Klippe» (von schwed.: klippa =«beschneiden») sind viereckige, rechteckige, ja sogar rautenförmige Münzen bekannt (176, 177).
Kugelförmige Münzen hat Siam bis in die Neuzeit hergestellt (Abb. 25), während China die absonderlichsten Formen, wie Messer und Spaten, herausgab (Abb. 24). Die größten Münzen wurden im Altertum hergestellt. Die schweren gegossenen Bronzemünzen der römischen Republik weisen einen Durchmesser bis zu 73 mm auf. Im 17. Jahrhundert wurden in Genua auffallend große Stücke geprägt (Crosazzo largo, 58 mm Durchmesser). Die kleinsten Münzen verdanken wir den Griechen. Es gibt solche, die einen Durchmesser von kaum 3 mm aufweisen.
Die verschiedenen Münzbilder wurden im ersten Teil des Taschenbuches bereits eingehend beschrieben.

Die Inschrift

Im Altertum wurden für die Inschrift viele verschiedene Alphabete verwendet. Doch tragen in der Frühzeit viele Münzen überhaupt keine Schrift oder nur einzelne Buchstaben. Mit Alexander dem Großen kam die griechische Schrift auch außerhalb der eigentlich griechischen

Abb. 25. Siam. Kugelförmige Silbertikals, von links nach rechts: 2, 1, 1/4 und 1/8 Tikal (1851–1868).

Gebiete auf die Münzen, die Weltherrschaft der Römer gab der lateinischen Schrift die Verbreitung über den ganzen Erdkreis. Andere Münzinschriften wieder sind im phönizischen, hebräischen und aramäischen Alphabet geschrieben. Die neueren Prägungen nennen uns den Namen und Titel des Münzherrn (z. B. den Staat, also den Landesnamen), das Prägejahr, das Zeichen der Münzstätte und die Wertangabe.

Die Herstellung der Münzen

Im Altertum war das Werk des Münzmeisters sehr mühselig. Von der Antike bis zum Ausgang des Mittelalters blieben die Münzwerkzeuge fast die gleichen. In neuester Zeit wird der Münzstempel mechanisch hergestellt, indem ein großes Modell mit entsprechenden Maschinen auf den Originalstempel übertragen und eingraviert wird. Damit änderte sich auch die Technik der Münzprägung. Zahlreiche Maschinen wurden erfunden. Sie gehen vom einfachen Klippwerk über Walzenprägemaschinen bis zur Spindelpresse und Kniehebelprägemaschine.

Die Münzsammlung

Schon im Altertum wurden Münzen gesammelt, denn Kaiser Augustus soll bei festlichen Anlässen «alte königliche und fremde Münzen» ausgeteilt haben. Im Mittelalter war es der italienische Dichterfürst Petrarca (1304–1374), der wohl eine der ersten Münzsammlungen besaß. Nach den römischen Prägungen kamen auch die griechischen Münzen als Sammelobjekt «in Mode», und erst im 17. Jahrhundert erwachte langsam das Interesse für die bisher stiefmütterlich behandelten Mittelaltermünzen.
Was wird nun eigentlich gesammelt? In welcher Weise soll der Anfänger vorgehen? Auf diese Frage wird jeder erfahrene Sammler seine persönliche Antwort haben. Das Gebiet der Münzkunde erstreckt sich über einen Zeitraum von zweieinhalb Jahrtausenden. Es ist so groß, daß es dem Geschmack eines jeden einzelnen genügend Spielraum bietet.
Der jugendliche Anfänger soll ruhig aus dem vollen schöpfen. Er kann sich vorerst einen Überblick über die heute bestehenden Münzsorten schaffen. Scheidemünzen aller Länder sind billig zu haben und können zudem mit solchen von Freunden ausgetauscht werden. Möglicherweise bleibt er den modernen Münzen treu, oder er wendet sich einem andern Gebiet zu. Abgesehen von den Münzen der Jetztzeit, also den heute kursierenden Prägungen, wird der Sammler zur Beschaffung seines Materials fast restlos auf den Kauf angewiesen sein. Jeder Sammler muß sich aber darüber Rechenschaft geben, daß es heute ein Riesenkapital und mehr als ein Menschenleben braucht, um irgendeine gewählte Münzreihe lückenlos zusammenzubringen. Auf absolute Vollständigkeit hin zu sammeln ist daher völlig zwecklos.

1. Die Generalsammlung

Höchst interessant und belehrend ist die Zusammenstellung einer kleinen Sammlung aus allen Epochen der numismatischen Geschichte. Sie dient besonders dem historisch Interessierten und ergibt ein richtiges Bilderbuch der Weltgeschichte. Der Sammler beschafft sich vorerst einige typische griechische Münzen (Eule von Athen, Schildkröte von Aegina, Pegasos von Korinth), anschließend eine typisch keltische Münze und solche anderer Randkulturen. Dann einen Vertreter des römischen Schwergeldes, einige Silbermünzen der römischen Republik und danach eine Anzahl römischer Kaisermünzen von Augustus bis zum Hause Konstantins des Großen. Es folgen je ein Exemplar der Ostgoten und Vandalen sowie eine kleine Zahl byzantinischer Prägungen, von den mittelalterlichen Münzen je eine burgundische, fränkische und angelsächsische Münze, ferner die mittelalterlichen Hohlpfennige, Turnosen bis zum Groschen, Taler und Franken. Aus einer solchen Sammlung erwächst dann meist das Interesse für ein besonderes Gebiet.

2. Spezialsammlungen

Der Liebhaber griechischer Münzen wird leider in den meisten Fällen recht tief in den Geldbeutel greifen müssen, da es sich um das kostspieligste Gebiet der Numismatik handelt. Besser bestellt ist es mit den Münzen der römischen Republik und jenen der römischen Kaiser. Bei den letzteren sind es besonders die silbernen Denare und spätrömischen Antoniniane und Kleinbronzen, die auch heute noch in tadellos erhaltenen Stücken und in großer Zahl unter 100–200 Franken bzw. DM zu haben sind.

Das Sammeln römischer Kaisermünzen ist tatsächlich eines der faszinierendsten Gebiete der antiken Numismatik, und eine auch noch so bescheidene Sammlung römischer Kaiserporträts gehört zu den reizvollsten Sammelgebieten der Numismatik überhaupt. Allerdings ist es auch hier dem Durchschnittssammler sozusagen unmöglich, die gesamte Reihe von Kaiser Augustus bis Romulus Augustulus zusammenzubringen. Er lasse die unwichtigen und zweitrangigen Herrscher aber vorerst

Frankreich
Ludwig XIII.
1610–1643

AR-Ecu 1642 A (Paris)
Vs. Brustb. n. rechts
Rs. Lilienwappen
H 91

Abb. 26. Beispiel einer Münzetikette.

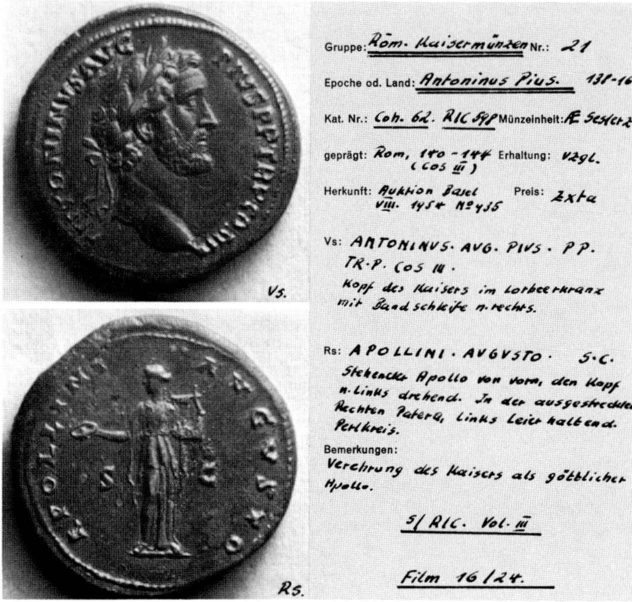

Abb. 27. Muster einer Karteikarte mit Photographien. Besonders für antike Münzen zu empfehlen.

ruhig weg. Es gibt Kaisermünzen, die selbst in den größten Münzkabinetten fehlen. Es ist ferner weniger zu empfehlen, unbedingt auf einem einzelnen Münzwert zu bestehen, denn das Bild eines Kaisers kann auf einem kleinen silbernen Denar so sorgfältig ausgearbeitet sein wie auf einem großen Sesterzen. Viele Sammler haben sich allerdings mit Leib und Seele den römischen Bronzemünzen verschrieben. Die oft prachtvolle Patina verleiht diesen Stücken tatsächlich einen besonderen Reiz. Andere Sammler interessieren sich bei den römischen Münzen weniger für die Porträtkunst (Ikonographie) als vielmehr für die oft prachtvoll gestalteten Rückseitendarstellungen. Sie sammeln auf diese Weise Stücke mit historischen Ereignissen, Götterdarstellungen, Opferszenen oder Bauten.

Bei den Münzen des Mittelalters wie den Prägungen der Neuzeit wird man sich von folgenden Gesichtspunkten leiten lassen: Man sammle die Münzen einer Stadt, eines Kantons, einer Freiherrschaft oder Grafschaft, eines Fürstentums, Herzogtums, Kaiser- oder Königreiches. Natürlich können auch alle Stücke eines einzelnen Regenten oder Zeitabschnittes gesammelt werden. Manche Sammler erwerben nur Goldmünzen (z. B. Dukaten), Denare oder Hohlpfennige, Grossi und Testone. Ganz besonderer Beliebtheit erfreut sich das Gebiet der Taler. Viele Sammler beschäftigen sich ausschließlich mit diesen großen, prächtigen Silbermünzen und bauen ihre Sammlung nach besonderen Gesichtspunkten aus. Das Bestehen übersichtlicher Katalogwerke erleichtert dem Talersammler seine Tätigkeit ganz wesentlich.

Das Beschriften der Münzen

Jede Münze, die man in seine Sammlung legt, soll mit einer entsprechend groß gewählten Etikette versehen werden. Dieses rund geschnittene Schildchen enthält den Namen des Münzherrn (das betreffende Land oder die betreffende Stadt), ferner das Münzmetall, die Münzeinheit, das Prägedatum, die Münzstätte und wenn möglich die betreffende Katalognummer, die auf ein ganz bestimmtes numismatisches Werk hinweist, in welchem die betreffende Münze bis in alle Einzelheiten beschrieben ist (Abb. 26). Jede Münze liegt daher auf einem kleinen Kärtchen. Für die antiken Münzen oder andere besonders schöne und wertvolle Stücke kann sich der Sammler für jedes Exemplar eine besondere Karteikarte anlegen. Diese Karte enthält alles Wissenswerte, wird zudem oft mit einer entsprechenden Photographie versehen und ersetzt auf diese Weise einen Münzkatalog, wie ihn viele Sammler für ihre Münzen anzulegen pflegen (Abb. 27).

Gerätschaften und Bibliothek

An Gerätschaften braucht der Sammler zunächst eine gute Lupe. Zum Messen dient eine einfache Schublehre. Für antike Münzen ist eine kleine Handwaage, die bis zu 1/10 Gramm genau wiegt, wünschenswert. Wie bei allen Wissenschaften und jeder Sammeltätigkeit bilden auch in der Numismatik die Bücher das wichtigste Hilfsmittel für den Sammler. Wenn immer möglich beschaffe man sich vorerst eine Darstellung der Weltgeschichte, die als allgemeine Grundlage dient. Je nach der Art der Sammeltätigkeit erwirbt man sich nach und nach die nötige Spezialliteratur. Der Reichtum an einschlägigen Büchern ist sehr groß, leider aber sind viele grundlegende Werke seit Jahren vergriffen und sehr teuer. Zudem sind viele Spezialbücher in englischer und französischer Sprache abgefaßt. Vergriffene und unerschwingliche Werke kann man bei den Bibliotheken der numismatischen Gesellschaften leihen.

Ganz besonderen Wert soll der Sammler auf Auktionskataloge legen. Nicht nur, damit er sich über die Preise informieren kann, sondern, weil diese Kataloge für die Ordnung und Planung eines Sammelgebietes außerordentlich wertvoll sind. Die bis in alle Einzelheiten gehende Beschreibung der Münzen und die vielen Abbildungen machen die Auktionskataloge für den Sammler zum unentbehrlichen Hilfsmittel. Viele dieser Kataloge sind heute noch in Buchantiquariaten und bei den betreffenden Auktionsfirmen erhältlich und können oft für wenig Geld erworben werden. Besonders die Münzkataloge hiesiger Auktionsfirmen sind durch ihren Aufbau, die genauen Zitate und die tadellosen Abbildungen eine unerschöpfliche Fundgrube des Wissens. Wer sich zudem über wissenschaftliche Neuerungen und Publikationen auf dem laufenden halten will, abonniere die numismatischen Zeitschriften, die in fast allen Ländern herausgegeben werden. In der Schweiz ist es die Schweizerische Numismatische Gesellschaft, die periodisch solche Schriften herausgibt. («Schweizer Münzblätter», «Schweizerische Numismatische Rundschau»), in Deutschland sind es besonders die «Hamburger Beiträge zur Numismatik». Die Mitglieder der numismatischen Gesellschaften erhalten die Publikationen aufgrund ihrer Mitgliedschaft gratis.
Ein Verzeichnis einiger numismatischer Werke findet sich am Schluß des Buches.

Das Aufbewahren der Münzen
Man soll seinen Schätzen von Anfang an einen guten Platz einräumen. Münzen darf man nie lose in Schachteln aufbewahren, obschon ein Taler auch in einer Streichholzschachtel ein Taler bleibt. Der Anfänger kann seine Stücke vorerst in kleinen, rechteckigen Papiertüten aufbewahren, wie sie der Münzhandel liefert. Auf diese Weise können große Mengen von Münzen auf kleinstem Raum untergebracht werden. Besonders gewarnt sei an dieser Stelle vor der Aufbewahrung von Sammlermünzen in durchsichtigen Etuis aus Weichplastik. Im Laufe der Zeit machen sich gewisse Zersetzungserscheinungen des Metalls bemerkbar, die die Münzen unweigerlich verderben. Wird die Sammlung größer, schafft man sich mit Vorteil ein kleines Münzköfferchen oder -kästchen an, das bei jedem Münzhändler gekauft werden kann. Der tüchtige Bastler kann sich nach einer entsprechenden Vorlage ein solches Möbel selbst bauen.

Das Reinigen der Münzen
Der Sammler merke sich: das Reinigen und Verschönern von Münzen richtet oft mehr Schaden an als Nutzen! Er gehe mit der größten Vorsicht ans Werk oder überlasse die Prozedur einem Fachmann. Verschmutzte Münzen wäscht man am einfachsten in einer Kernseifenlö-

sung und trocknet sie sorgfältig auf einem Stück Löschpapier. Silbermünzen legt man am besten kurze Zeit in verdünnten Salmiakgeist. Der Prägeglanz stempelfrischer Silbermünzen geht bei dieser Behandlung nicht verloren. Unsachgemäßes Reiben, Kratzen und Schaben verdirbt die Münze oft ganz. Immer wieder findet man Münzen, die mit einem chemischen Reinigungsmittel auf Hochglanz getrieben wurden. Solche Stücke wirken dann oft «wie neu» – doch kein Kenner wird sie in seine Sammlung aufnehmen. Bei den antiken Bronzemünzen handelt es sich meist um edle Patina, die dem Uneingeweihten als Schmutzschicht vorkommt. Diese Patina kann in allen möglichen Farben auftreten und ist weitgehend vom Fundort der betreffenden Münze abhängig. Von der leuchtend hellgrünen, prachtvollen Edelpatina geht die Farbabstufung über ein kräftiges, dunkles Malachitgrün nach Braun, Rotbraun und Schwarz. Diese echte alte Patina verleiht diesen Münzen den Glanz schöner Edelsteine. Die Natur hat für ihren Aufbau Hunderte, ja Tausende von Jahren gebraucht. An patinierten Münzen soll man daher grundsätzlich überhaupt nicht herumdoktern, es sei denn, es handle sich um schlecht erhaltene Stücke, mit denen man Versuche anstellen will.

Der Münzhandel

Der Sammler moderner kursierender Münzen kann seine Käufe im Bankhandel tätigen. Bei allen andern Stücken ist er meist auf den Münzhandel angewiesen, denn der Münzhändler ist der wichtigste Lieferant des Numismatikers. Der Münzhandel ist über die ganze Welt verbreitet, die wichtigsten Geschäfte inserieren regelmäßig in den numismatischen Zeitschriften. Nicht jeder, der Münzen verkauft, ist Numismatiker. Man hüte sich, bei Antiquitäten- und Andenkenhändlern seltene und wertvolle Stücke zu kaufen. In vielen Fällen wird man der Geprellte sein, denn diese Leute verfügen in den wenigsten Fällen über das nötige Wissen.

Die Preisgestaltung

Sie ist durch den stetigen Wechsel von Angebot und Nachfrage bestimmt. In diesem Zusammenhang mag es interessant sein, auf die Preise bei verschiedener Erhaltung hinzuweisen. Einer englischen Fachzeitschrift entnehme ich folgenden Vergleich (Preise in Franken):

Erhaltungsgrad	**Münzpreis 1**	**2**	**3**
stempelfrisch	165.—	45.—	26.—
vorzüglich erhalten	105.—	35.—	17.—
sehr schön erhalten	50.—	21.—	10.—
schön erhalten	21.—	14.—	7.—
sehr gut erhalten	8.50	7.50	3.50
gut erhalten	5.50	4.80	3.-

Die Erklärung der Erhaltungsgrade befindet sich am Schluß des Buches. Diese Aufstellung soll nicht als allgemeine Tatsache hingenommen werden. Sie zeigt aber deutlich genug, wie sehr der Preis einer Münze einzig und allein vom Erhaltungsgrad abhängt und wie schnell er bei schlechten Stücken sinkt, die in der Regel fast unverkäuflich sind.

Gesellschaften und Vereine
Jeder Münzsammler soll bei seiner Tätigkeit den Kontakt mit seinesgleichen suchen, denn mit andern die Freuden zu teilen gehört mit zu den Reizen einer Sammeltätigkeit. In vielen größeren Städten bestehen numismatische Vereine, die periodisch ihre Sitzungen abhalten. Interessante Vorträge helfen dem Anfänger über die ersten Schwierigkeiten hinweg, erfahrene Sammler stehen mit ihren Ratschlägen gerne zur Verfügung.

Die Münzsammlung als Kapitalanlage
Das Sammeln von Münzen ist ohne Geldauslagen unmöglich. Eine Münzsammlung stellt daher je nach Größe und Umfang eine mehr oder weniger große Kapitalanlage dar. Sammlermünzen sind während der vergangenen Jahre preislich stark gestiegen. Sie gehen mit der allgemeinen Hausse im Kunsthandel einher.

Fälschungen
Schon in der Antike wurden Münzen gefälscht. In der römischen Kaiserzeit ahmte man Denare durch Guß nach, andere wurden im Metallwert vermindert, indem nur der Überzug aus Silber, der Kern dagegen aus Bronze bestand.
Die am einfachsten zu erkennenden Fälschungen sind «erfundene» Stücke, also Münzen, die es gar nicht gibt. So ist ein Sesterz des römischen Kaisers Otho immer falsch, weil die Münzstätte Rom von diesem Herrscher nur Gold- und Silbermünzen prägte. Gefährlich sind oft Nachahmungen bestehender Stücke, so die in der Renaissancezeit geprägten «Sesterzen» römischer Kaiser, «Paduaner» genannt. Sie sind aber einfach zu schön, um echt zu sein. Gefährlich sind auch überarbeitete Münzen, verschönerte und nachpatinierte Stücke. Zudem werden häufige Münztypen mit dem Grabstichel in seltenere Stücke umgraviert. Daher nochmals: man kaufe seine Münzen stets beim vertrauenswürdigen Münzhändler, der die Echtheit garantiert.

Wichtigste numismatische Abkürzungen

Metalle

AE	=	Kupfer oder Bronze (Aes)
Bil.	=	Billon
AU	=	Gold (Aurum)
AR	=	Silber (Argentum)

Erhaltungsgrade

F.d.c. (Stempelglanz, Stgl.)	=	stempelfrisch, bestmögliche Erhaltung
vzgl. (vorzüglich)	=	nicht ganz stempelfrisch, aber sonst tadellos erhalten
s. schön (sehr schön)	=	ein wirklich schönes, sammelwürdiges Stück
schön	=	knapp an der Grenze, um in eine gepflegte Sammlung aufgenommen zu werden
s. g. e.	=	sehr gut erhalten
g. e.	=	gut erhalten

Stücke der beiden letzten Kategorien sind für den Sammler nicht zu empfehlen. Münzen in dieser Erhaltung sollen nur als Raritäten oder als Belegstücke aufgenommen werden. Was man im übrigen unter «sehr schön» oder «vorzüglich» versteht, ist weitgehend persönliche Ansichtssache und wird auch vom Münzhandel oft in verschiedenartiger Weise ausgelegt. Bei Stücken mit zwei verschiedenen Angaben bezieht sich die erste stets auf die Vorderseite, die zweite dagegen auf die Rückseite der Münze.

Verschiedene Abkürzungen

Av.	=	Avers, Vorderseite, auch Vs.
beh.	=	behelmt
Beiz.	=	Beizeichen
bel.	=	belorbeert
Brustb.	=	Brustbild
gekr.	=	gekrönt
i. A.	=	im Abschnitt
i. F.	=	im Felde
l. u. r.	=	links und rechts
Mzst.	=	Münzstätte
Mzz.	=	Münzzeichen
n. l., n. r.	=	nach links, nach rechts
o. J.	=	ohne Jahr
Rv.	=	Revers, Rückseite, auch Rs.
Wa.	=	Wappen
zw.	=	zwischen

Tafel 1. Griechische Münzen

1 Aegina. AR-Obol, 6. Jahrh. v. Chr. Seeschildkröte.
2 Rückseite von 1. Fünfgeteiltes Quadratum incusum.
3 Lydien. König Croesus (561–546 v. Chr.). AR-Siglos. Vs. Löwen- und Stierkopf einander gegenüber, in heraldischer Doppelstellung, einem schon auf den ältesten babylonischen Siegelzylindern ausgebildeten Schema.
4 Metapont (Lucania, Italien). AR-Stater um 500 v. Chr. Gerstenähre. Inkus.
5 Kroton (Bruttium, Italien). AR-Stater um 480 v. Chr. Dreifuß mit Löwenfüßen, links als Symbol ein stehender Kranich. Inkus.
6 Attica-Athen. AR-Tetradrachmon um 430 v. Chr. Rs. Eule in vertieftem Quadrat, links oben Olivenzweig und Halbmond.
7 Korinth. AR-Stater um 480 v. Chr. Rs. Kopf der Athena n. r. Die Göttin trägt Helm und Perlenhalsband.
8 Aegina. AR-Stater um 400 v. Chr. Vs. Landschildkröte.
9 Attica-Athen. AR-Tetradrachmon, 429–407 v. Chr. Vs. Kopf der Athena mit Perlenhalsband n. r. Der attische Helm ist mit drei stilisierten Olivenblättern geschmückt.
10 Barke (Cyrenaica). AR-Drachme um 420 v. Chr. Vs. Silphiumpflanze. Das Silphium war eine Doldenpflanze, deren Saft als Gewürz und Arzneimittel einen Haupthandelsgegenstand der Kyrenäer bildete. Die Pflanze war aber schon zur Zeit Neros (60 n. Chr.) sehr selten. Alle Versuche, sie in neuester Zeit wieder zu finden, blieben bis heute erfolglos.
11 Phokis. AR-Triobol, 480–421 v. Chr. Vs. Stierkopf von vorne.
12 Apollonia Pontica (Thrakien). AR-Drachme um 420 v. Chr. Rs. Gorgoneion.
13 Persien. König Artaxerxes III. Ochos (359–338 v. Chr.). AR-Siglos. Vs. Der gekrönte Perserkönig n. r. kniend. Er trägt langes Gewand und spannt Bogen mit Pfeil.
14 Kelenderis (Cilicien). AR-Stater, 450–400 v. Chr. Rs. Ziegenbock n. l. sitzend, den Kopf umgewendet.

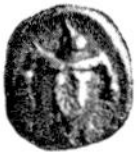
1

3

2

4

6

5

7

8

9

10

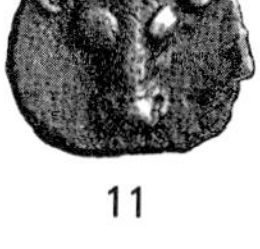
11

13

12

14

Tafel 2. Griechische Münzen aus dem antiken Sizilien

15 Akragas. AR-Tetradrachmon um 460 v. Chr. Rs. Flußkrabbe.

16 Leontinoi. AR-Tetradrachmon um 470 v. Chr. Rs. Löwenkopf mit weit offenem Maul und herausgestreckter Zunge n. r. Außen vier Gerstenkörner. Die Getreidekörner versinnbildlichen den noch heute großen Getreidereichtum der Ebene zu Füßen der Stadt.

17 Messana. AR-Tetradrachmon um 430 v. Chr. Rs. Hase n. r. springend, unten Delphin. Anaxilas soll auf Sizilien die Hasenzucht eingeführt haben.

18 Gela. AR-Tetradrachmon um 405 v. Chr. Rs. Vorderteil des Flußgottes Gelas (Stier mit Menschenkopf) n. r. schwimmend. Über ihm ein Gerstenkorn.

19 Syrakus. AR-Tetradrachmon um 450 v. Chr. Rs. Kopf der Quellnymphe Arethusa mit Ohrgehängen und Perlenhalsband n. r. Das Haar ist mit einem Perlenband aufgesteckt und hinten gedreht. Außen vier Delphine.

20 Syrakus. AR-Tetradrachmon um 445 v. Chr. Rs. Kopf der Quellnymphe Arethusa n. r., das Haar in Sakkos, der mit Mäander- und Zickzackmuster geschmückt ist. Ohrschmuck in Form eines Hakenringes, Halsband mit Löwenkopf. Außen vier Delphine.

21 Syrakus. AR-Tetradrachmon um 410 v. Chr. Rs. Arbeit des Meisters Eukleidas. Kopf der Quellnymphe Arethusa n. l., das gewellte Haar in Sphendone aufgesteckt, die mit zwei Bändern gebunden ist. Ohrschmuck in Form eines Hakenringes, außen vier Delphine.

22 Syrakus. AR-Dekadrachmon um 390 v. Chr. Vs. Arbeit des Meisters Euainetos. Nach links eilendes Viergespann über einer Bodenleiste, darüber n. r. schwebende Nike, den Lenker bekränzend. Unten der Kampfpreis (Panoplie), bestehend aus Harnisch, Beinschienen, Helm und Schild.

23 Rückseite von 22. Kopf der Quellnymphe Arethusa n. l. mit Schilfkranz, Ohrgehängen und Perlenhalsband. Ringsum vier Delphine, der vor dem Gesicht befindliche schwimmt den andern entgegen. Aus der Hochblüte der griechischen Münzkunst. Die neuste Forschung sieht in dem reizenden Mädchenkopf nicht mehr Arethusa, sondern Kore-Persephone.

15

16

17

18

19

20

21

22

23

Tafel 3. Griechische Porträtmünzen

24 Makedonien. Alexander der Große (336–323 v. Chr.). AR-Tetradrachmon. Vs. Jugendlicher Kopf des Herakles in der Löwenhaut n. r.
25 Rückseite von 24. Zeus, bis auf die Hüften nackt, n. l. sitzend, den rechten Fuß auf Schemel gestützt. Er hält in der ausgestreckten Rechten einen Adler, in der Linken ein langes Zepter. Im Feld links Rose, das Zeichen der Münzstätte Alexandrien (Ägypten).
26 Makedonien, Perseus (178–168 v. Chr.). AR-Tetradrachmon. Vs. Kopf des Königs mit kurzem Bart und Diadem n. r.
27 Rückseite von 26. Adler mit ausgebreiteten Flügeln auf Blitzbündel n. r. stehend. Das Ganze in Eichenkranz, der unten gebunden ist.
28 Thrakien. Lysimachus (323–281 v. Chr.). AR-Tetradrachmon. Vs. Kopf Alexanders des Großen mit Diadem und Widderhorn n. r.
29 Rückseite von 28. Sitzende Pallas Athena n. l., den linken Arm auf Rundschild gestützt. Sie hält schrägen Speer in der Linken und kleine Nike mit Kranz auf der ausgestreckten Rechten. Im Feld links als Beizeichen Keule, unten Halbmond.
30 Syrien. Antiochus I. Soter (280–261 v. Chr.). AR-Tetradrachmon. Vs. Kopf des Königs mit Diadem und Bandschleife n. r.
31 Syrien. Demetrius II. Nicator, 1. Regierungszeit (146–140 v. Chr.). AR-Tetradrachmon. Vs. Drapiertes Brustbild des Königs mit Diadem n. r.
32 Syrien. Demetrius II. Nicator, 2. Regierungszeit (130–125 v. Chr.). AR-Tetradrachmon. Vs., geprägt in Antiochia. Bärtiger Kopf des Königs mit Diadem n. r.
33 Numidien. Juba I. (60–46 v. Chr.). AR-Denar. Vs. Drapiertes bärtiges Brustbild des Königs n. r., das Haar in reichen Locken hochgebunden. Auf der rechten Schulter Zepter.
34 Ägypten. Ptolemäus III. Euergetes (246–221 v. Chr.). Im Namen der Königin Arsinoë II. AR-Dekadrachmon. Vs. Verschleierter Kopf der Königin Arsinoë n. r. Sie trägt Diadem und Isiskrone. Hinter dem Nacken EE (= Jahr 29 = 242 v. Chr.). Arsinoë II. heiratete im Jahr 299 v. Chr. Lysimachus von Thrakien (siehe 28), dessen Sturz sie schließlich durch ihre Intrigen verschuldete.
35 Parthien. Mithradates II. (123–88 v. Chr.). AR-Drachme. Vs. Bärtiger Kopf des Königs mit Diadem n. l.

24

26

28

25

27

29

30

31

32

33

34

35

Tafel 4. Münzen der Römischen Republik und der Bürgerkriege

36 Latium, Roma. Gegossenes Schwergeld (Aes grave). AE-Quadrans, 290–289 v. Chr. Offene Hand mit drei Kugeln.
37 Rückseite von 36. Zwei Getreidekörner und drei Kugeln.

Silberne Familiendenare der Münzmeister
38 M. Tullius. 120 v. Chr. Kopf der Roma mit Helm n. r.
39 Rückseite von 38. Viktoria in Quadriga n. r. sprengend, Palmzweig haltend. Über den Pferden Siegeskranz.
40 A. Postumius A. f. S. n. Albinus. 81 v. Chr. Gezähnter Denar, sogenannter «Serratus». Brustbild der Diana n. r., das Haar geknotet. Auf der Schulter Bogen und Köcher, oben Tierschädel.
41 Rückseite von 40. Mit Toga bekleidete Figur n. l. stehend, hält die Hand über dem links stehenden Opfertier (Stier). In der Mitte Feueraltar, das Ganze auf einem Felsen.
42 T. Deidius. 113/112 v. Chr. Vs. Behelmter Kopf der Roma n. r. Links das Monogramm von Rom.
43 P. Licinius Nerva. 113/112 v. Chr. Vs. Behelmter Kopf der Roma n. l. Der Helm trägt spitzes Visier und Federbusch. Auf der linken Schulter Schild mit Ornamenten, über der rechten Schulter Speer.
44 L. Marcius Philippus. 56 v. Chr. Vs. Kopf des Ancus Marcius n. r. mit Diadem, hinten Lituus, das Zeichen der Augurenwürde. Das Geschlecht der Marcia kommt von Ancus Marcius, der als erster mittels Aquädukten Wasser in die Stadt Rom leitete.
45 L. Hostilius Saserna. 48 v. Chr. Vs. Bärtiger Gallierkopf n. r., dahinter ein Langschild.

Römische Bürgerkriege
46 Pompeius der Große (106–48 v. Chr.) AR-Denar, 42–40 v. Chr. unter seinem Sohn Sextus Pompeius Magnus Pius in Sizilien geprägt. Vs. Kopf des Pompeius des Großen n. r., vor ihm Lituus. Links Opferkrug.
47 Iulius Cäsar und Octavianus (Kaiser Augustus). AE-As um 40–27 v. Chr. in Gallien geprägt.
48 Marcus Antonius (83–30 v. Chr.). AR-Denar, 41 v. Chr. in Kleinasien geprägt. Vs. Kopf n. r.

36

37

38

39

40

41

42

43

44

45

46

47

48

Tafel 5. Die wichtigsten Münz-Nominalien der römischen Kaiserzeit

49 Aureus. Nero (54–68 n. Chr.). 60 n. Chr. in Rom geprägt. Kopf des Kaisers n. r. Vs. Indem Kaiser Nero den bisher rund 8,20 Gramm wiegenden Aureus auf 7,28 Gramm reduzierte, führte er auf einfachste Weise die erste «Abwertung» durch.

50 Denar. Domitian (81–96 n. Chr.). 80 n. Chr. unter seinem Bruder Titus geprägt. Sein Kopf mit Lorbeerkranz n. r. Vs.

51 Sesterz. Galba (68–69 n. Chr.). 69 n. Chr. geprägt. Drapierte Büste des Kaisers mit Lorbeerkranz n. r. Vs.

52 Dupondius. Titus (79–81 n. Chr.). 75 n. Chr. unter seinem Vater Vespasian in Rom geprägt. Kopf des Titus mit der Strahlenkrone n. r. Die Münze wurde vor seiner Ernennung zum Kaiser geprägt. Vs.

53 As. Nero (54–68 n. Chr.). 64–66 n. Chr. geprägt. Kopf des Kaisers mit Lorbeerkranz n. r. Vs.

54 Semis. Domitian (81–96 n. Chr.). 85 n. Chr. in Rom geprägt. Rabe auf Zweig n. r. Rs.

55 Antoninian. Trebonianus Gallus (251–254 n. Chr.). Drapierte Büste des Kaisers mit der Strahlenkrone n. r. Vs.

56 Follis. Diocletian (284–304 n. Chr.). Geprägt in Treveri (Trier). Geharnischte Büste des Kaisers mit Lorbeerkranz n. r. Vs.

57 Argenteus. Galerius Maximianus (305–311 n. Chr.). 293–305 n. Chr. als Cäsar vor seiner Ernennung zum Kaiser geprägt. Sein Kopf mit Lorbeerkranz n. r. Vs.

58 Solidus. Theodosius I. der Große (379–395 n. Chr.). Drapiertes Brustbild des Kaisers mit Diadem n. r. Vs.

59 Siliqua. Gratianus (367–383 n. Chr.). Geprägt in Antiochia. Drapierte Büste des Kaisers mit Diadem n. r. Vs.

60 Centenionalis. Constans (337–350 n. Chr.). Geharnischtes Brustbild des Kaisers mit Diadem n. r., in der rechten Hand Weltkugel haltend. Vs.

49

51

50

52

54

53

55

56

57

58

60

59

Tafel 6. Münzen der römischen Kaiser (Vorderseiten)

61 Augustus (27 v. Chr.–14 n. Chr.). AE-Dupondius, um 22 n. Chr. unter Tiberius geprägt. Kopf des Kaisers mit der Strahlenkrone n. l. Die Strahlenkrone hier als Zeichen der Vergottung (Divus).
62 Augustus (27 v. Chr.–14 n. Chr.). AR-Denar, 28–26 v. Chr. nach dem Doppelsieg von Aktium geprägt, der gegen Marcus Antonius und Cleopatra von Ägypten über die Vorherrschaft im östlichen Mittelmeergebiet entschied. Der prächtige Bildnisdenar entstammt wohl griechischer Kunstfertigkeit.
63 Tiberius (14–37 n. Chr.). AU-Aureus. Kopf des Kaisers mit Lorbeerkranz n. r. Der Zinsgroschen der Bibel in Gold (Ev. Matthäus 22, 19).
64 Livia (58 v. Chr.–29 n. Chr.). Gattin des Kaisers Augustus, Mutter des Tiberius. AE-Dupondius, 22 n. Chr. unter Tiberius geprägt. SALVS AVGVSTA, die Besorgtheit um das Wohlergehen des Kaisers.
65 Claudius (41–54 n. Chr.). AE-As, in Rom geprägt. Kopf des Kaisers n. l.
66 Nero und Drusus Cäsaren, die Söhne des Germanicus und der Agrippina, Brüder des Kaisers Caligula. AE-Dupondius, geprägt unter Kaiser Caligula (37–41 n. Chr.). Die beiden Cäsaren zu Pferd n. r. sprengend.
67 Vespasian (69–79 n. Chr.). AE-Sesterz, 76 n. Chr. in Rom geprägt. Kopf des Kaisers mit Lorbeerkranz n. r.
68 Traianus (98–117 n. Chr.). AE-Sesterz, 103–111 n. Chr. in Rom geprägt. Kopf des Kaisers mit Lorbeerkranz n. r. Am Hals ist der obere Teil des Brustpanzers mit der Darstellung des Gorgonenhauptes (Ägis) sichtbar.
69 Sabina († 137 n. Chr.), Gattin des Kaisers Hadrian (117–138 n. Chr.). AE-Sesterz. Drapiertes Brustbild der Kaiserin n. r. Sie trägt dreifache Stephane, und ein Teil des Haares ist am Hinterkopf mit Perlschnüren hochgebunden. Drei Locken fallen in den Nacken.
70 Hadrianus (117–138 n. Chr.). AE-Dupondius, 134–138 n. Chr. in Rom geprägt. Kopf des Kaisers mit der Strahlenkrone n. r.
71 Antoninus Pius (138–161 n. Chr.). AE-Dupondius, 140–144 n. Chr. in Rom geprägt. Kopf des Kaisers mit der Strahlenkrone n. r.

62

61

63

65

64

66

67

68

70

69

71

Tafel 7. Münzen der römischen Kaiser

72 Marcus Aurelius (161–180 n. Chr.). AE, bimetallisches Bronzemedaillon, 165–166 (Bildausschnitt). Gepanzertes Brustbild des Kaisers mit Lorbeerkranz n. l. Originaldurchmesser mit Ring: 62 mm.
73 Faustina die Jüngere, Gemahlin des Marcus Aurelius, Tochter des Antoninus Pius († 175 n. Chr.). AE-As, 145–146 n. Chr. unter Antoninus Pius in Rom geprägt. Drapiertes Brustbild n. r.
74 Lucius Verus (161–169 n. Chr.). AE-Dupondius, 162–163 n. Chr. geprägt. Kopf des Kaisers mit der Strahlenkrone n. r.
75 Clodius Albinus (193–197 n. Chr.). AR-Denar, 194–195 n. Chr. geprägt. Kopf des Kaisers n. r.
76 Septimius Severus (193–211 n. Chr.). AR-Denar, 202–210 n. Chr. geprägt. Kopf des Kaisers mit Lorbeerkranz n. r.
77 Julia Domna († 217 n. Chr.), Gattin des Septimius Severus. AR-Denar, 211–217 n. Chr. geprägt. Drapiertes Brustbild n. r.
78 Caracalla (211–217 n. Chr.), Sohn des Septimius Severus und der Julia Domna. AR-Denar, 216 n. Chr. in Rom geprägt. Kopf des Kaisers mit Lorbeerkranz n. r.
79 Geta (209–212 n. Chr.), Bruder des Caracalla. AR-Denar, 200–202 n. Chr. unter seinem Vater Septimius Severus in Rom geprägt. Jugendliches drapiertes Brustbild n. r.
80 Geta (209–212 n. Chr.). AR-Denar, 211 n. Chr. in Rom geprägt. Bärtiger Kopf mit Lorbeerkranz n. r.
81 Maximinus Thrax (235–238 n. Chr.). AE-Sesterz, geprägt in Rom. Drapierte Büste des Kaisers mit Lorbeerkranz n. r.
82 Postumus (259–267 n. Chr.). AR-Antoninian, geprägt in der Münzstätte Köln (Colonia Agrippinensis). Bärtiges Brustbild n. r.
83 Probus (276–282 n. Chr.). AE-Antoninian, geprägt in Ticinum. Behelmte Büste in Rüstung n. l., mit Schild in der Linken und Lanze über der rechten Schulter.
84 Constantin I. der Große (308–337 n. Chr.). AE, 17 mm. Drapiertes Brustbild des Kaisers mit Diadem n. r., geprägt in Siscia.
85 Julianus Apostata (360–363 n. Chr.). AE, Pecunia maiorina, geprägt in Antiochia. Bärtiges drapiertes Brustbild des Kaisers mit Perlendiadem n. r.
86 Valentinian III. (425–435 n. Chr.). AU-Tremissis. Rs. Kreuz inmitten eines Lorbeerkranzes mit Schleifen.

73

72

74

75

76

77

78

79

81

80

82

83

85

84

86

Tafel 8. Münzen der römischen Kaiser
(Rückseiten)

87 Titus (79–81 n. Chr.). AE-Sesterz. PAX. AVGVST. S. C. Die Pax n. l. stehend, in der Rechten Olivenzweig, in der Linken Füllhorn haltend.
88 Caracalla (211–217 n. Chr.). AR-Denar, 213 n. Chr. in Rom geprägt. Nackter Herkules n. l. stehend, in der Rechten Zweig, in der Linken Keule und Löwenhaut haltend.
89 Antoninus Pius (138–161 n. Chr.). AE-Sesterz, 140–144 n. Chr. in Rom geprägt. TR. POT. COS. III. S. C. – Wölfin mit Romulus und Remus. Erinnert an die 900-Jahr-Feier Roms.
90 Nero (54–68 n. Chr.). AE-Sesterz, 65 n. Chr. geprägt. DECVRSIO-S. C. Paraderitt des Kaisers, neben ihm ein Offizier zu Pferd.
91 Hadrian (117–138 n. Chr.). AE-As, 134–138 n. Chr. in Rom geprägt. AEGYPTOS – S. C. Die personifizierte Ägyptos n. l. sitzend, in der Rechten hält sie Isisklapper, die Linke auf einen Korb mit Früchten gestützt. Vor ihr ein Ibis.
92 Domitian (81–96 n. Chr.). AE-Dupondius, 88 n. Chr. in Rom geprägt. Opferszene. Die Münze weist auf die im Jahre 88 durchgeführten Säkularspiele hin.
93 Nero (54–68 n. Chr.). AE-Sesterz, 64 n. Chr. geprägt. S. C. – Triumphbogen. Nero ließ während der parthischen Kriege auf dem Kapitol einen Triumphbogen bauen. Vermutlich handelt es sich um dieses Bauwerk, das heute nicht mehr vorhanden ist.
94 Caracalla (211–217 n. Chr.). AR-Denar, 216 n. Chr. in Rom geprägt. Der Sonnengott Sol in einer Quadriga n. l. sprengend.
95 Titus (79–81 n. Chr.). AR-Denar, 78–79 n. Chr. unter seinem Vater Vespasian geprägt. Sau n. l., mit drei Ferkeln. Die Sau war das Emblem der 10. Legion des Titus.
96 Otacilia Severa, Gemahlin des Kaisers Philipp I. (244–249 n. Chr.). AE- Sesterz, 248 n. Chr. in Rom geprägt. SAECVLARES. AVGG. S. C. Nilpferd n. r. Erinnert an die 1000-Jahr-Feier Roms.
97 Caracalla (als Cäsar, 196–211 n. Chr.). AE-Sesterz, 196–197 n. Chr. geprägt. Opfergeräte. Die Münze weist auf die priesterliche Zugehörigkeit des jungen Caracalla hin.
98 Decentius (Cäsar: 351–353 n. Chr.). AE, Pecunia maiorina, geprägt in Arelate, Christogramm.

87

88

89

90

91

92

94

93

95

96

98

97

Tafel 9. Keltische Münzen
Münzen der Völkerwanderungszeit
Byzantinische Münzen

Keltische Münzen

99/100 Brigantes (Bretagne). Blaßgoldstater. Vs. mit glattem Buckel, Rs. stark stilisiertes Pferd n. l.

101/102 Aedui (Bourgogne). AU-Stater. Nachahmung einer Goldmünze Philipps II. von Makedonien. Vs. Kopf n. r., Rs. Biga n. r.

103/104 Vindelici (Süddeutschland). Konkaver AU-Stater (Regenbogenschüsselchen). Vs. Stark stilisierter Vogelkopf n. l. in Kranz, Rs. Kreuz.

105/106 Parisii (Gegend von Paris). AU-Stater. Vs. Kopf n. r., Rs. Pferd.

Münzen der Völkerwanderungszeit

107/108 Vandalen. Gaiseric (428–477 n. Chr.). AR-Siliqua im Namen des Honorius. Vs. Kopf n. r., Rs. Roma n. l. sitzend.

109 Ostgoten. Athalaric (526–534 n. Chr.). AU-Solidus im Namen des Kaisers Justinianus I. Vs. Kopf des Justinianus I. von vorn.

110/111 Ostgoten. Theoderich der Große (493–526 n. Chr.). AU-Tremissis im Namen des Kaisers Justinus I. Vs. Kopf des Justinus n. r., Rs. Viktoria von vorn.

112/113 Merowinger. Augustedunum (Autun, Saône-et-Loire). AU-Triens (Fiiorus). Vs. 2 Köpfe n. r., Rs. Kreuz.

114–115 Merowinger. Parisius (Paris). **König Dagobert** (600–639 n. Chr.). AU-Triens. Vs. Kopf n. r., Rs. Kreuz.

Byzantinische Münzen

116 Pulcheria (Gattin des Marcianus, 450–457 n. Chr.). AU-Solidus. Vs. Drapiertes Brustbild der Kaiserin mit Diadem n. r.

117 Theodora (Mutter des Michael III. des Trinkers, 842–867 n. Chr.). AU-Solidus. Vs. Christuskopf.

118 Leo VI. der Weise (886–912 n. Chr.). AE-Follis. Vs. Brustbild des Kaisers von vorn.

119 Isaac II. Angelus (1185–1195 n. Chr.). AU-Histamenon (sogenannte Schüsselmünze). Rs. Der Kaiser mit dem Erzengel Michael.

99
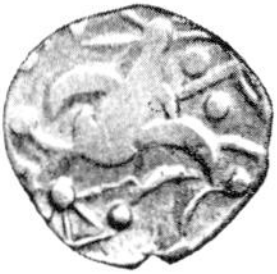
100

101

102

105

103
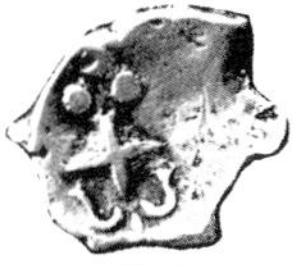
104

106

107

108

109

110

111

112

113

116

114

115

118

117

119

Tafel 10. Münzen des Mittelalters

120 Karl der Große (768–814). AR-Denar. Vs. (links) CAROLVS, Rs. (rechts) Kreuz mit Umschrift. Geprägt in Chartres.
121 Lothar I. (840–855). AR-Denar, geprägt in Dorestat. Vs. (links) Kreuz mit vier Kugeln und Umschrift, Rs. (rechts) karolingischer viersäuliger Tempel.
122 Heinrich II., der Heilige (1002–1024), Kaiser 1014. AR-Denar, Regensburg. Vs. (links) Gekröntes und drapiertes Brustbild, Rs. (rechts) Kreuz.
123 Konrad II. (1024–1039), Kaiser 1027. AR-Denar, Duisburg. Als Kaiser. Vs. (links) Gekrönter Kopf von vorne, Rs. (rechts) Inschrift.
124 Halberstadt. Gero von Schrembke (1160–1177). Brakteat, sog. Stephanspfennig. Die Darstellung zeigt die Steinigung des hl. Stephanus.
125 Otto I., Markgraf v. Brandenburg (1170–1184). Brakteat einer nordharzischen Münzstätte. Symbolische Darstellung der Pfalzburg.
126 Otto I., Markgraf v. Brandenburg (1170–1184). Brakteat einer nordharzischen Münzstätte. Der gepanzerte und behelmte Markgraf n. r. reitend.
127 Österreich. Dünner Breitpfennig aus der Münzstätte Krems, um 1130. Silber. Rs. Reiter mit Falke.
128 Rudolf von Habsburg. Grazer Pfennig, um 1276. Silber. Der König von vorn mit Schwert.
129 Österreich. Kremser oder erster Wiener Pfennig, um 1190. Silber. Münze mit dem sog. Sirenengepräge.
130 Überlingen (Baden). AR-Brakteat (1295–1335). Löwe n. r. schreitend.
131 Ulm, Stadt. AR-Brakteat, 2. Hälfte des 13. Jahrhunderts. Königskopf zwischen Blütenzweig und Turm.
132 Konstanz. Eberhard II. von Waldburg (1248–1274). AR-Brakteat. Kopf von vorn zwischen Lilie und Krummstab.
133 Italien. Reggio nell'Emilia. Nicolo Maltraversi (1233–1293). AR-Grosso. Vs. Sitzender Heiliger mit Glorienschein, in der Linken Kreuzstab haltend.

120

121

122

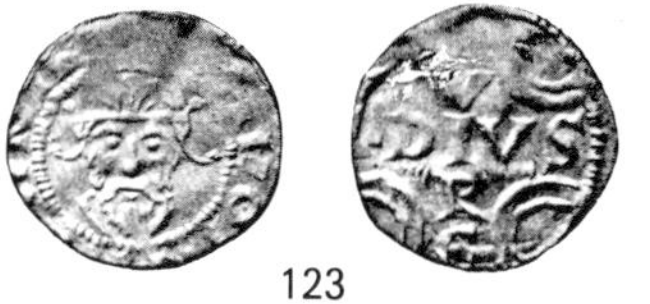
123

124

125

126

127

128

129

130

131

132

133

Tafel 11. Münzen des Mittelalters

134 Frankreich. Ludwig IX. (1226–1270). AR-Turnosgroschen. Vs. Kreuz mit Umschrift.

135 Rückseite von 134. Inschrift im Kreise. Einfassung in Form von zwölf in Doppelbogen gesetzten Lilien.

136 Milano. Lodovico il Moro (Regent 1481–1494, Herzog von Mailand 1494–1499). AR-Testone. Vs. Geharnischtes Brustbild des Herzogs n. r.

137 Erzbistum Salzburg. Leonhard von Keutschach (1495–1519). AR-Rübenbatzen, 1500. Vs. Links das Stiftswappen, rechts Familienwappen (Rübe).

138 Rückseite von 137. Der hl. Rudbertus, in der Linken Salzfaß, in der Rechten Bischofsstab haltend. Auf dem Kopfe Mitra.

139 Italien. Ludwig XII., König von Frankreich (1500–1513). AR-$^1/_2$-Teston oder Grosso da Soldi 15. Drapiertes, gekröntes Brustbild des Königs n. r.

140 Rückseite von 139. Das gekrönte Wappen von Frankreich und Mailand.

141 Österreich. Sigismund von Tirol. Haller Guldiner (Uncialis), 1486. Vs. Silber. Der gekrönte Erzherzog von vorne mit Kugelzepter und Schwert. Links von ihm hält ein Löwe das Bindenschild. Rechts Helm.

142 Rückseite von 141. Geharnischter Reiter mit Fahne auf galoppierendem Turnierroß n. r. Er trägt gekrönten Turnierhelm, der mit dem habsburgischen Pfauenstoß verziert ist. Das Ganze im Wappenkreis. Unten das Schild von Altösterreich. Die im Sinne des Uhrzeigers dargestellten kleinen Wappen sind: 1. Steiermark, 2. Krain, 3. Portenau, 4. Montfort-Feldkirch, 5. Tirol, 6. Kyburg, 7. Elsaß, 8. Nellenburg, 9. Burgau, 10. Österreich ob der Enns, 11. Pfirt, 12. Habsburg, 13. Hohenberg, 14. Windisch-Mark, 15. Kärnten.

Die Darstellung geht auf eine Medaille zurück, die im Jahre 1483 von Reichart Weidenpusch für den Erzherzog geschaffen wurde. Die Stempel dieser prächtigen Münze wurden von Stempelschneidern der Tiroler Münzstätte Hall geschnitten.

134

136

135

137

139

140

138

141

142

Tafel 12. Mittelalterliche Goldmünzen

143 Friedrich II. von Hohenstaufen (1215–1250). Augustale, Brindisi (1231–1250). Vs., links: Belorbeertes und drapiertes Brustbild n. r. Die Rückseite (rechts) zeigt nach rechts blickenden Adler mit ausgebreiteten Schwingen.
144 Griechenland. Chiarenza (Peloponnes). Florent de Hainhaut (1289–1297). Goldgulden. Vs. (links) Florentiner Lilie, Rs. (rechts) stehender St. Johannes.
145 Frankreich. Johann II. (1350–1364). Franc à cheval. Vs. Der König n. l. galoppierend.
146 Flandern. Graf Louis de Mâle (1346–1384). Lion Heaumé d'or. Vs. Löwe n. l. auf einer Estrade mit sechs Zinnen sitzend. Die nicht abgebildete Rückseite der Münze trägt – übersetzt – die Inschrift: «Gebenedeit der, welcher kommt im Namen des Herrn.»
147 Frankreich. Johann II. (1350–1364). Mouton d'or. Vs. Gotteslamm n. l. stehend, den Kopf im Glorienschein der Kreuzfahne zugewendet. Die übersetzte Inschrift lautet: «Lamm Gottes, das du trägst die Sünden der Welt, erbarme dich unser.»
148 Mainz. Johann I. von Luxemburg (1371–1373). Goldgulden, Bingen. Die Vs. (links) zeigt den thronenden Erzbischof über Luxemburger Schild, die Rs. (rechts) das Mainzer Wappen im Dreipaß.
149 Ruprecht von der Pfalz (1400–1410). Goldgulden, Frankfurt am Main. Die Vs. (links) zeigt n. l. blickenden Adler über Weckenschild, die Rs. (rechts) den segnenden St. Johannes mit Zepter.
150 England. Heinrich VI. (1422–1461). Schiffs-Nobel. Vs. In der Bildmitte das Hüftbild des gekrönten Herrschers, in der Rechten das geschulterte Schwert, am linken Arm das Lilienschild, in einem Schiffe mit Mast und Tauwerk. Die nicht abgebildete Rückseite trägt die übersetzte Inschrift: «Jesus aber im Vorübergehen schritt durch ihre Mitte.» (Lukas IV, 30.)
151 Österreich. Friedrich III. (1470–1480). Dukat mit der Darstellung Karls des Großen.
152 Venedig. Anton Venier (1382–1400). Dukaten (Zecchine). Vs. Der hl. Markus mit Glorienschein und langem Gewand reicht dem vor ihm knienden Dogen als Zeichen der Belehnung die Fahne. Die Rückseite zeigt den stehenden Christus von vorn mit der übersetzten Inschrift: «Dir, o Christus, sei jenes Herzogtum gegeben, welches du regierst.»

143

144

145

146

147

148

149

151

150

152

Tafel 13. Münzen der Neuzeit. Silber
(Vorderseiten)

153 Römisch-Deutsches Reich. Maximilian I. (1493–1519). 1 1/2-facher Guldiner 1505, Hall (Tirol). Jugendliches gekröntes und gepanzertes Hüftbild mit Zepter und Schwert n. l. 1459 als Sohn Kaiser Friedrichs III. geboren, wurde Maximilian «der letzte Ritter» genannt. Er war ein begeisterter Freund der Künste und ein guter Dichter.

154 Römisch-Deutsches Reich. Ferdinand III. (1637–1657) als König von Böhmen. Taler 1629, Glatz (Schlesien). Jugendliches Brustbild mit Halskrause und Vlieskette n. r. Sohn Ferdinands II., siegte er 1634 gegen die Schweden und war am Prager Frieden (1635) wesentlich beteiligt.

155 Römisch-Deutsches Reich. Karl V. (1519–1556). Florin Carolus d'Argent ohne Jahr (1542) für Brabant. Bärtiges gekröntes und gepanzertes Hüftbild n. r. Geboren 1500 in Gent, in den Niederlanden als Burgunder erzogen, erbte er 1506 von seinem Vater Philipp dem Schönen Burgund und die Niederlande. Später Beherrscher von Spanien und Italien. War einer der großen Herrscher, der seiner Zeit sein Gepräge gab.

156 Salzburg. Kardinal Matthäus Lang von Wellenburg (1519–1540). Guldiner 1522. Brustbild mit Barett n. l.
Die Prägungen von M. Lang gehören zu den schönsten Erzeugnissen der europäischen Renaissance-Münzkunst.

157 Sachsen. Johann der Beständige (1525–1532). Klappmützentaler ohne Jahr. Geharnischtes Brustbild des Kurfürsten mit geschultertem Schwert n. r. Der Münzname weist auf die seltsame Kopfbedeckung des Fürsten hin. Nach dem 1. Reichstag zu Speyer (1526) setzte er die lutheranische Kirchenordnung in seinem Lande durch.

158 Brandenburg. Friedrich Wilhelm, der Große Kurfürst (1640–1688). Taler für Berlin 1679. Geharnischtes und drapiertes Brustbild mit ausdrucksvollem Altersporträt n. r. Der Kurfürst trägt lange Perücke. Kämpfte erfolgreich gegen die mit Frankreich verbündeten Schweden, erzwang den Wandel zum «dienenden Adel» und schuf damit die Voraussetzung für das brandenburgisch-preußische Offiziers- und Beamtentum.

153

154

155

156

157

158

Tafel 14. Münzen der Neuzeit. Silber

Abbildungen in 3/4 der natürlichen Größe

159 Preußen. Friedrich II. der Große (1740–1786). Berliner Speziestaler 1741. Vs. Brustbild n. r. mit langem Haar, Küraß, Band mit Orden und Hermelinmantel. Porträt im Stil des «friderizianischen Rokokos».

160 Römisch-Deutsches Reich. Karl VI. (1711–1740). Vorderseite eines Talers 1736 mit der Stadtansicht von Nürnberg.

161 Römisch-Deutsches Reich. Maria Theresia (1740–1780). Taler 1780. Vs. Es handelt sich hier um die schlechthin als Maria-Theresien-Taler bezeichnete populäre Münze, eine stempelgleiche Nachahmung eines Talers, der im Jahre 1780 in der Münzstätte Günzburg erstmals geprägt wurde. Die Münze wird auch «Levantiner» genannt und war für den österreichischen Levantehandel bestimmt.

162 Römisch-Deutsches Reich. Rückseite eines Kremnitzer Talers 1767 mit sitzender Patrona Hungariae. Die Muttergottes ist auf dieser prächtigen Münze mit allen Mitteln barocker Formenkunst gestaltet.

163 Österreich. Doppelgulden 1887 mit der Darstellung der Barbarakirche in Kuttenberg. Anläßlich der Wiederaufnahme des Silberbergbaues in der böhmischen Bergstadt und ehemaligen Münzstätte Kuttenberg wurden aus den ersten Erträgnissen der neuen Ausbeutung Gedenkdoppelgulden geschlagen.

164 Sardinien. Viktor Emanuel I. (1802–1821). 5 Lire 1816. Vs. Kopf n. r.

165 Schweden. Gustav II. Adolf (1611–1632). Taler 1632 für Augsburg. Vs. Geharnischtes Brustbild des Königs mit Lorbeerkranz fast von vorn.

166 Schweden. Christine (1632–1654). Salvatortaler 1645. Vs. Hüftbild der gekrönten Königin mit langem Haar n. l. Die Rückseite dieser Münze zeigt den stehenden Christus von vorn mit der Inschrift: SALVATOR: MUNDI: SALVA: NOS, zu deutsch: Retter der Welt, errette uns.

167 Rußland. Peter der Große (1689–1725). Moskauer Rubel 1725. Drapiertes Brustbild mit Lorbeerkranz n. r.

168 Frankreich. Ludwig XIV. (1643–1715). Ecu 1705. Vs. Sein Brustbild mit Perücke n. r.

169 Frankreich. Ludwig XVI. (1774–1793). Ecu 1789. Vs. Büste n. l.

170 Frankreich. Napoleon I. (1804–1814). 5 Francs 1805. Vs. Kopf n. r.

159

160

161

162

163

164

165

166

167

168

169

170

Tafel 15. Münzen der Neuzeit

171 Bistum Straßburg. Karl von Lothringen (1593–1607). AR-Testone ohne Jahr. Vs. Sein bärtiges Brustbild n. l.

172 Großbritannien. Elizabeth I. (1558–1603). AR-Schilling 1593. Vs. Gekröntes Brustbild der Königin n. l.

173 Braunschweig-Neulüneburg. Ernst August, Bischof von Osnabrück (1662–1698). AR-21-Mariengroschen 1695. Vs. Wilder Mann. Der «wilde Mann» sowie das Pferd waren die Wahrzeichen des Hauses Braunschweig.

174 Braunschweig-Wolfenbüttel. Friedrich Ulrich (1613–1634). AR-Kippergroschen oder «Vierundzwanziger», 1620. Vs. Dreitürmige Burg, im Torbogen Löwe. Wappen der Stadt Celle.

175 Rückseite von 174. Reichsapfel mit «24».

176 Salzburg. Marcus Sitticus Graf Hohenems (1612–1619). AR-$^1/_2$-Talerklippe 1617. Rs. Thronender heiliger Rudbertus mit Inful und Salzfaß.

177 Salzburg. Wolfgang Theodor (1587–1612). AR-Dickklippe um 1603. Vs. Stiftswappen.

178 Venedig. Paolo Renier (1779–1789). AR-Osella 1785. Vs. Schiff zwischen zwei Türmen.

179 Vatikan. Papst Innozenz XI. (1676–1689). AR-Testone ohne Jahr. Vs. Päpstliches Wappen.

180 Pfalz. Karl Theodor (1733–1799, Kurlinie Sulzbach). Rheingold-Dukat 1763. Rs. Stadtansicht von Mannheim mit strahlender Sonne, vorne der Rhein mit Goldwäscher.

181 Frankreich. Ludwig XVI. (1774–1793). AU-Louisdor 1786. Rs. Gekröntes Wappen.

182 Salzburg. Graf Hieronymus Joseph von Colloredo von Wallsee (1772–1803). AU-Dukat 1802. Vs. Brustbild des Bischofs n. r. War letzter regierender Erzbischof von Salzburg. Die Stadt hatte ihn seinerzeit kühl empfangen, denn man wußte, daß er bedingungslosen Gehorsam in seinen Belangen wünschte. Zwischen ihm und Wolfgang Amadeus Mozart war stets nur offenes Mißtrauen ohne jegliche Zuneigung.

171

172

173

174

176

175

178

177

179

180

181

182

Tafel 16. Münzen der Neuzeit. Silber

183 Reuß-Ebersdorf. Heinrich LXXII. (1822–1848). Doppeltaler 1847 zur Feier der fünfundzwanzigjährigen Regierung. Kopf des Fürsten n. l.
184 Rückseite von 183. Wappen auf gekröntem Mantel.
185 Großbritannien. Oliver Cromwell (1649–1660). Crown 1658. Vs. Sein drapiertes Brustbild mit Lorbeerkranz n. l. Protektor der englischen Republik. Nach der Hinrichtung Karls I., König von England, im Jahre 1649 wurde Cromwell Haupt des Staatsrates der neugeschaffenen englischen Republik. Schlug einen Aufstand der Iren nieder, besiegte die Schotten und den in England eingedrungenen Karl II. Schuf eine wehrhafte Flotte, kämpfte siegreich gegen die spanische Kolonialmacht und begründete so die englische Weltstellung.
186 Großbritannien. Victoria (1837–1901). Sogenannte «Gothic Crown» 1847. Vs. Gekröntes Brustbild der Königin n. l. Der Münzname wird von der gotischen Aufschrift der Münze abgeleitet. Die Münze mit dem jugendlichen Brustbild ist wohl eine der schönsten Prägungen der Königin. Victoria stand zeitlebens unter dem tiefen Einfluß ihres Gemahls Albert von Sachsen-Coburg-Gotha. Nach dessen frühem Tode zog sie sich von der Öffentlichkeit zurück, verlangte aber gleichwohl, über alle Staatsangelegenheiten unterrichtet zu werden. Premierminister Disraeli veranlaßte 1876 ihre Erhebung zur Kaiserin von Indien. Ihre lange Regierungszeit machte die Königin volkstümlich und zum Symbol des britischen Reiches. Durch ihre zahlreichen Nachkommen besaß sie besonderen Einfluß in den europäischen Fürstenhäusern.
187 Großbritannien. Wilhelm IV. (1830–1837). $^1/_2$ Crown 1834. Kopf n. r. Folgte seinem Bruder George IV. auf den Thron, war schwankend und unentschlossen. War gleichzeitig König von Hannover. Mit ihm endete die Herrschaft dieses Hauses.
188 Republik Österreich. 2 Schilling 1928. Vs. Kopf des Komponisten Franz Schubert n. l.
189 Ungarn. 2 Pengö 1936. Vs. Kopf des Komponisten Franz Liszt n. r.

183

184

185

186

187

188

189

Tafel 17. Münzen der Neuzeit. Silber. Außereuropa

190 Vereinigte Staaten von Nordamerika. 1/2 Dollar 1920. Gedenkmünze zur Landung der Puritaner (Pilgrim fathers) vor 300 Jahren. Rs.
191 Brasilien. 5000 Reis 1936. Gedenkmünze mit Bildnis des Fliegers Santos-Dumont. Vs. Alberto Santos-Dumont baute seit 1898 Luftschiffe. Er umflog 1901 den Eiffelturm und flog 1906 mit einem Drachenflugzeug eine Strecke von 60 und später eine solche von 220 Metern.
192 Tibet. Kuang-Hsu (1875–1908). 1 Rupie 1903. Vs. Brustbild n. l.
193 Südafrika. Präsident Paulus Krüger, genannt Oom Paul (1883–1900). 5 Schilling 1892. Vs. Sein bärtiges Brustbild n. l. War die Seele des burischen Widerstandes gegen die Engländer. Sein Versuch, nach dem Verlust des größten Teiles der Burenrepubliken im Oktober 1900 bei den europäischen Großmächten Hilfe zu finden, blieb ohne praktischen Erfolg. Krüger verkörperte den Idealtyp seines Volkes. Er starb in Clarens (Schweiz) im Jahre 1904.
194 Äthiopien. Menelik II. (1889–1913). 1 Talari 1901. Vs. Gekröntes Brustbild n. r. Sohn und Nachfolger König Haila-Malakots, wurde 1889 mit Hilfe der Italiener Kaiser, trat aber 1895/96 ihren Machtansprüchen erfolgreich entgegen. Durch seine kluge Außen- und Innenpolitik erweiterte und sicherte er das Reich.
195 Persien. Shah Muzaffar-ed-din (1896–1907). 5 Krans 1320 = 1902. Vs. Löwe n. l. auf einer Bodenleiste zwischen Zweigen stehend, in der erhobenen rechten Pfote ein Schwert haltend.
196 Deutsch-Neuguinea. 5 Mark 1894. Vs. Paradiesvogel.
197 Republik China. Sun Yat Sen. Dollar 1932. Rs. Segelschiff und aufgehende Sonne. Oben drei Wildgänse. Diese Münze erfreute sich bei den Chinesen keiner großen Beliebtheit. Das Volk sah in den drei über dem Schiff fliegenden Vögeln japanische Kriegsflugzeuge.

190

191

192

193

194

195

196

197

Tafel 18. Schweizer Münzen

198 Bern. AR-Guldiner 1494. Rs. Vor Bogenkreis der nach halblinks stehende heilige Vinzenz in Diakonentracht, hält Palmzweig und Bibel. Die bernischen Guldiner von 1493/94 sind zusammen mit den Tiroler Guldinern von 1486 die frühesten Talergepräge der Welt (siehe auch 141 und 142). Die Vorderseite der schönen Münze zeigt einen Bären, darüber Reichsadler, um denselben die sieben Wappen der Vogteien Weißenburg, Frutigen, Burgdorf, Thun, Laupen, Obersimmental und Äschi. Im äußeren Wappenkreis die Wappen der übrigen 20 Vogteien.
199 Basel Stadt. Hohlpfennig, 16. Jahrhundert. Bischofsstab.
200 Bern. Hohlpfennig (sogenannter Angster), 14./15. Jahrhundert. Bär n. l., darüber Reichsadler. Geprägt, nachdem Bern am großen Münzvertrag zwischen den österreichischen Herrschaften und den Reichsstädten teilnahm.
201 Abtei St. Gallen. Hohlpfennig, 13. Jahrhundert. Gotteslamm n. l.
202 Zürich. AU-$^{1}/_{4}$-Dukaten 1751. Vs. Löwe n. l. mit Schwert und Stadtschild.
203 Bern. AU-Dukat 1701. Rs. Ein Bär hält mit der Schnauze und den beiden Vordertatzen einen Schild mit der vierzeiligen Inschrift: BENE. DICTVS. SIT. IEHOVA. DEVS (Gepriesen sei Jehova der Herr).
204 Bistum Chur. Ulrich von Mont (1661–1692). AR-$^{2}/_{3}$-Taler 1690. Vs. Gepanzertes Hüftbild des heiligen Lucius mit Zepter und Reichsapfel. Unten das Stiftswappen, daneben Familienwappen.
205 Schaffhausen. AR-Taler 1621. Vs. Widder n. l. aus Tor springend.
206 Bern. Französischer Ecu König Ludwigs XV. 1767. Vs. Rechts ist der Gegenstempel der Berner Münze sichtbar. Zu Beginn des 19. Jahrhunderts wurden große Mengen französischer Taler in die Schweiz eingeführt. Sie machten in Bern den Hauptteil der großen kursierenden Silbermünzen aus. Die zu sehr abgenützten Stücke aber waren nicht kursgültig. Die andern wurden als Zeichen der Gültigkeit mit einem kleinen Gegenstempel versehen.
207 Basel. Billon-1-Batzen 1826. Rs. Konkordatsmünze.
208 Helvetische Republik. AU-Dublone 1800, zu 16 Franken. Vs. Krieger n. r.

199

198

200

201

203

202

204

205

207

206

208

Tafel 19. Moderne Goldmünzen

209 Frankreich. Napoleon III. (1852–1870). 100 Franes 1862. Vs. (links) Kopf mit Lorbeerkranz n. r., Rs. (rechts) Wappen auf gekröntem Mantel.

210 Großbritannien. Edward VII. (1901–1910). 5 Pounds 1902. Kopf n. r. Die Rückseite (rechts) zeigt den reitenden St. Georg. Die Rückseiten der englischen Goldmünzen neuerer Zeit tragen als Darstellung den heiligen Georg. Er war in Byzanz schon im 7. Jahrhundert der oberste der Soldatenheiligen. Seit dem Mittelalter Schutzherr der Reiter, Schützen und Waffenschmiede, und vom 13. Jahrhundert an ist er auch englischer Nationalheiliger. Zu Pferd und als Drachentöter (Münzdarstellung!) erscheint er aber erst seit dem 12. Jahrhundert. Die Drachenkampfszene wurde seit dem 14. Jahrhundert besonders auf Grund der Legenda Aurea durch das Motiv der Errettung der Königstochter bereichert, die ein Opfer des Untiers werden sollte. Bei Dürer noch bärtig dargestellt, war er doch vorwiegend der jugendliche Held. Seine Attribute waren Lanze, Schwert, Schild und Banner.

211 Ungarn. Franz Josef I. (1848–1916). 100 Kronen 1907. Kopf mit Lorbeerkranz n. r. Die Rückseite (rechts) stellt die Krönungsszene im Dom zu Ofen dar. Ministerpräsident Graf Andrassy und der Erzbischof von Gran halten die heilige Stephanskrone über das Haupt des vor ihnen knienden Monarchen.

Gedenkmünze auf das 40jährige Jubiläum der ungarischen Königskrönung Franz Josefs I. Die gleiche Münze wurde als 5-Kronen-Stück auch in Silber geprägt. Die Münze wurde auf sogenannter «polierter Platte» geprägt. Bei dieser Herstellungsmethode werden die Schrötlinge vor dem Prägen auf Hochglanz getrieben. Das ergibt schließlich einen spiegelglatten Grund, von dem sich das Münzbild matt abhebt. Solche Stücke sind sehr beliebt, da sie meist nur in einer beschränkten Zahl verausgabt werden.

NAPOLEON III EMPEREUR

EMPIRE FRANCAIS
100 FRS
1862

209

EDWARDVS VII DEI GRA: BRITT: OMN: REX FID: DEF: IND: IMP:

1902

210

100 KORONA

211

Tafel 20. Moderne Goldmünzen

212 Niederlande. Wilhelm III. (1849–1890). 10 Gulden 1885. Kopf n. r.
213 Rückseite von 212. Gekröntes Wappen.
214 Belgien. Leopold II. (1865–1909). 20 Francs 1877. Kopf n. r.
215 Rückseite von 214. Wappen auf gekröntem Mantel.
216 Deutsches Reich. Johann von Sachsen (1854–1873). 20 Mark 1872. Kopf n. l.
217 Rückseite von 216. Gekrönter Reichsadler mit Wappen.
218 Rußland. Nikolaus II. (1894–1917). 10 Rubel 1899. Kopf n. l.
219 Rückseite von 218. Gekrönter Doppeladler.
220 Italien. Victor Emanuel III. (1900–1946). 100 Lire 1931. Vs. Büste n. l.
221 Parma. Marie Louise (1815–1847). 40 Lire 1815. Vs. Kopf mit Diadem n. l.
222 Vatikan. Papst Pius XI. (1922–1939). 100 Lire 1929. Vs. Brustbild n. r.
223 Peru. 1 Libra 1917. Vs. Indianerkopf mit Kopfputz n. r.
224 Iran. Mohammed Risa Pehlewi (seit 1941). 1 Pehlewi 1947. Vs. Kopf n. l.
225 Vereinigte Staaten von Nordamerika. 5 Dollar 1911. Vs. Indianerkopf n. l.
226 Deutsch-Ostafrika. 15 Rupien 1916. Vs. Afrikanische Gebirgslandschaft mit dem Kilimandscharo, davor Elefant mit erhobenem Rüssel n. r. stehend. Geprägt in der Eisenbahnwerkstätte zu Tabora (T unter Jahreszahl).
227 Südafrika. George VI. (1936–1952). 1 Pound 1952. Rs. Springbock n. r.

Da sich Gold durch Jahrtausende hindurch fast unverändert erhält, ist es seit dem Altertum wohl das beliebteste Münzmetall geblieben. Allerdings wird Gold nicht rein vermünzt, sondern mit härteren Zusätzen versehen. In der Regel beträgt der Feingehalt moderner Goldmünzen 900/1000. Die restlichen 10 % werden durch Kupfer (Rotgold) oder durch Zink (Gelbgold) ergänzt.

212

213

214

215

216

217

218

219

220

221

222

223

224

225

226

227

Tafel 21

In der zweiten Hälfte des 20. Jahrhunderts ändert sich das Münzbild zusehends. Die bisherigen traditionellen Darstellungen weichen modernen, der heutigen Zeit angepaßten Münzbildern.
Ein beliebtes Sammelgebiet modernster Münzen ist Israel.

228 Israel. Gedenkmünze zum Chanukkafest 1962. Kupfernickel, geprägt in der Münzstätte Bern. Auf der Vorderseite (links) die Wertangabe 1 (1 israel. Pfund), darunter, durch eine Arabeske getrennt, der Landesname in Hebräisch und Arabisch sowie die Jahreszahlen 5723–1962. Die Rückseite (rechts) zeigt eine italienische Chanukkalampe aus dem 17. Jahrhundert.
Nach dem Jahre 1958, dem 10. Jahr der Unabhängigkeit Israels, wurde jeweils zum Chanukkafest eine Gedenkmünze geprägt. Dieses Fest, das Fest des Lichts, dauert acht Tage und wird im Dezember gefeiert.
229 Israel. Gedenkmünze zur zwanzigjährigen Unabhängigkeit (1968). Silber, geprägt in der Münzstätte Bern. Auf der Vorderseite (links) eine Tempelfassade und die Wertangabe 10 (Pfund). Rückseitig (rechts) Ansicht der Stadt Jerusalem, zuoberst das Parlamentsgebäude (Knesset). Links das Staatsemblem, ein siebenarmiger Leuchter.
230 Israel. 10 Pfund, Silber. Seit dem Jahre 1970 erscheint in Israel alljährlich eine für den Sammler besonders interessante Prägung: die Pidyon-Haben-Münze. Sie hat die Auslösung des Erstgeborenen zum Thema. Dargestellt ist die Prägung des Jahres 1972. Die Vorderseite (links) zeigt symbolisch die Bedeutung der Auslösung durch die Darstellung von fünf antiken Schekeln (siehe auch Abbildung 6 oben). Rückseitig Wertangabe und Inschrift, links oben das Staatsemblem.

228

229

230

Tafel 22

Münzen brauchen keineswegs nur nach geschichtlichen, geographischen oder wirtschaftlichen Gesichtspunkten gesammelt zu werden. Besonders die jungen Sammler wie auch die Anfänger erfreuen sich in erster Linie an ganz bestimmten Münzbildern. Sie sammeln, wie dies in der Philatelie längst der Fall ist, Motive. Die Zahl der Möglichkeiten ist fast unbeschränkt: Tiere (hier Spezialsammlungen von Säugetieren, Fischen, Amphibien, Reptilien und Vögeln), Pflanzen (Nutz- und Zierpflanzen), dann Schiffe, Eisenbahnmotive, Symbole, Heiligenbilder. Andere sammeln Musiker, Dichter, Ärzte, Schriftsteller und Politiker, um nur einige Gebiete zu nennen.
Die nebenstehend abgebildeten Münzen mit Tierbildern verschiedenster Art stammen alle aus dem Britischen Commonwealth und tragen auf der Vorderseite das Bild der Königin Elizabeth II.

231 Bahamas (Westindien, zwischen Florida und Haiti). 2 Dollars 1972. Flamingos, hinten aufgehende Sonne. — Silber.
232 Gibraltar (Südeuropa). 25 New Pence 1971, Äffchen. Der berühmte Magot aus Gibraltar, eine Art Meerkatze, ist der einzige wildlebende Affe auf europäischem Boden. — Kupfernickel.
233 Insel Man (Ärmelkanal). Crown 1970, sogenannte Manxkatze. Die auf der Insel Man heimische Hauskatze ist erblich schwanzlos. — Kupfernickel.
234 Gambia (Westafrika). 8 Schilling 1970, Flußpferd. — Kupfernickel.
235 Bahamas. 1 Dollar 1966, Meerschnecke. — Silber.
236 Gambia. 4 Schilling 1966, Krokodil. — Kupfernickel.

231

232

233

234

235

236

Tafel 23

Seit dem Jahre 1952 haben viele Staaten Olympiamünzen herausgegeben. Es handelt sich also um Geldstücke mit Kurswert, im Gegensatz zu den zahlreichen privaten Medaillenprägungen, die nicht empfohlen werden können, weil dafür kein fester Markt besteht.
Die Zahl der bisher erschienenen Olympiamünzen ist relativ bescheiden. Es ist aber zu erwarten, daß in Zukunft jedes Land, das Olympische Spiele organisiert, auch entsprechende Münzen prägen wird.

237 Finnland — Helsinki 1952. 500 Mark. — Silber. Von dieser Münze wurden noch 18 500 Exemplare mit der Jahreszahl 1951 geprägt. Diese Stücke sind sehr gesucht und auch entsprechend teuer.
238 Österreich — Innsbruck 1964. Winterolympiade. 50 Schilling. — Silber.
239 Japan — Tokio 1964. Von den beiden herausgegebenen Münzen ist hier das Stück zu 1000 Yen mit der Darstellung des Fudschijama abgebildet. — Silber.
240 Mexiko. Olympiade 1968. 25 Pesos. — Silber.
241 und **242 Bundesrepublik Deutschland — München** 1972. Von den sechs herausgegebenen Motiven der Olympischen Spiele in München sind hier zwei dargestellt: links das Olympiastadion aus der Vogelschau, rechts die Olympiaspirale über dem olympischen Feuer, unten die Ringe. 10 Mark. — Silber.

237

238

239

240

241

242

Tafel 24. Medaillen

243 und 247 sind in natürlicher, die andern Medaillen in $^2/_3$ der natürlichen Größe abgebildet.

243 Guß-Medaille der Renaissance von Lysippus (Pseudonym des Neffen des Christoph von Geremia, dessen richtiger Name unbekannt ist. Er arbeitete als Medaillenkünstler zwischen 1470 und 1485 in Rom.)
Die Vorderseite (links) zeigt **Franciscus Vidal** (von Noya in Galizien, um 1465 Vormund Ferdinands des Katholischen, apostolischer Protonotar). Seine Büste mit Beret n. l. Die Rückseite zeigt den stehenden nackten Androclus mit seinem Löwen. Die prachtvolle Medaille wurde um 1475 geschaffen.
244 AE-Medaille 1848 zum Tod des schwedischen Wissenschaftlers **Jacobus Berzelius** (1779–1848), geschaffen von Lundgren. Vs. Kopf n. r.
245 AE-Medaille 1891 zur 700-Jahr-Feier der Gründung der Stadt Bern. Vs. Das geharnischte Brustbild des Stadtgründers **Herzog Berchtold von Zähringen** n. l.
246 AR-Medaille 1896 zur Enthüllung des Mozart-Denkmals in Wien, geschaffen von A. Scharff. Vs. Bekleidetes Brustbild des Komponisten n. r.
247 AR-Medaille 1936 zur Abdankung des britischen Königs **Edward VIII.** Vs. Gekröntes Brustbild n. r.

Tafel 25. Seltenheiten

Es gibt Seltenheiten, die nur wenige Sammler gesehen haben. Ab und zu tauchen sie auf den Auktionen auf: bestaunt, bewundert — dem gewöhnlichen Sterblichen unerschwinglich! Doch die meisten dieser prachtvollen Münzen befinden sich heute in den Museen.

248 Sizilien — Syrakus. AR-Dekadrachmon um 480/479 v. Chr. (41,5 g). Vs. Quadriga im Schritt n. r., oben fliegende Nike, die die Pferde bekränzt. Unten n. r. laufender Löwe.
249 Rückseite von 248. Kopf der Arethusa n. r., von vier Delphinen umgeben. Die Göttin trägt einen Ölkranz, Ohren- und Halsschmuck (Museum of Fine Arts, Boston). Die als Demareteion bekannte Silbermünze von Syrakus ist eine der berühmtesten Münzen des Altertums. Erklärung siehe Seite 16.

243

244

245

246

247

250 Römische Kaiserzeit. Antoninus Pius (138–161 n. Chr.). Bronzemedaillon (127,40 g), 145–161 in Rom geprägt. Vs. Drapierte und gepanzerte Büste des Kaisers mit Lorbeerkranz n. r.

251 Rückseite von 250. Bildnis der thronenden Kybele (Magna Mater) mit Mauerkrone auf einem von vier Löwen gezogenen Wagen, n. r. fahrend (Münzkabinett der Staatlichen Museen zu Berlin). Das seinerzeit in einem römischen Grabe bei Apilly (Dept. Oise) in Frankreich gefundene Bronzemedaillon des Antoninus Pius ist wohl eines der schönsten uns erhaltenen Exemplare dieser seltenen Prägungen.

250

248

249

251

Einführende Literatur

1. Griechische Münzen

Franke/Hirmer Die Griechische Münze. 174 S. Text, 239 Tafeln. Großformat. München 1972.
Jenkins/Küthmann Münzen der Griechen. 324 S. Text, 600 Münzabbildungen. München/Fribourg 1972.
Wenger O. P. Griechische Münzen. Orbis Pictus, Band 60. 48 S., 19 Farbtafeln. Eine Einführung. Bern/Stuttgart 1974.

2. Römische Münzen

a) Republik

Crawford M. H. Roman Republican Coinage. 919 S., 78 Tafeln. 2 Bände. London 1974.

b) Kaiserzeit

Küthmann/Overbeck/Stylow/Hirmer Die Römische Münze. 196 S., 172 Tafeln. Großformat. München 1973.
Sutherland C. H. V. Münzen der Römer. 380 S., 600 Münzabbildungen. München/Fribourg 1974.
Wenger O. P. Römische Kaisermünzen. Orbis Pictus, Band 63. 72 S. mit Farbtafeln. Eine Einführung. Bern/Stuttgart 1975.

3. Byzantinische Münzen

Whitting P. D. Münzen von Byzanz. 368 S., 600 Münzabbildungen. München/Fribourg 1973.

3. Mittelalter

Grierson Philip Münzen des Mittelalters. 320 S., ca. 500 Münzabbildungen. München/Fribourg 1976.

4. Neuzeit

Craig W. D. Coins of the World 1750–1850. 478 S. mit Abbildungen und Schätzpreisen. Racine 1976.
Yeoman R. S. Modern World Coins 1850–1950. Münzen der ganzen Welt. Mit Schätzpreisen. Racine 1974.
– Current Coins of the World. Ab 1945–1976, mit Schätzpreisen.
Davenport J. S. Mehrere Bände von Davenport behandeln die Taler der ganzen Welt.

5. Deutschland

Jaeger Kurt Die deutschen Münzen seit 1871. Basel 1975.
– Einzelabhandlungen über die Münzen der deutschen Staaten vor 1871. 12 Bände. Basel 1966/1972.

6. Schweiz

Coraggioni L. Münzgeschichte der Schweiz. Genf 1896 (Neudruck).
Divo J. P./Tobler E. Die Münzen der Schweiz im 19. und 20. Jahrhundert. Luzern 1969.
– Die Münzen der Schweiz im 18. Jahrhundert. Zürich 1974.

Hallwag Taschenbücher

(Frühjahr 1982)

3 Unsere Vögel
4 Tiere in Feld und Wald
5 Unsere Bäume
6 Das kleine Anglerbuch
7 Schmetterlinge und Nachtfalter
8 Karte und Kompaß
9 Wetterkunde
10 Unsere Pilze
11 Lawinenkunde
14 Unsere Hunde
15 Baustilkunde
16 Chemie
18 Alpenblumen
19 Käfer und andere Insekten
20 Möbelstilkunde
26 Wunderwelt der Ameisen
27 Waldblumen
28 Mikroskopieren
29 Unsere Sträucher
32 Besser fotografieren
33 Heilpflanzen
34 Tiere im Zoo
35 Moorpflanzen
36 Verkehrsflugzeuge
37 Tiere in Bach und Weiher
38 Zimmerpflanzen und ihre Pflege
41 Die Biene
42 Einführung in die Astronomie
45 Druckgraphik
49 Der Briefmarkensammler
53 Schiffe und Schiffahrt
54 Unsere Katzen
57 Muscheln am Meer
61 Kakteen
63 Die Welt der Sterne
64 Berufslexikon für Mädchen (Schweiz)
66 Berufslexikon für Knaben (Schweiz)
68 Schach für Anfänger
69 Das Atom als Energiequelle
70 Minerale und Gesteine
71 Geologie
74 Kleine Münzkunde
77 Einführung in das Porzellanmalen
78 Orchideen — Mein Hobby
81 Unser Gemüse- und Gewürzgarten